Leidenschaft für das Leben

EIN JAHRESBEGLEITER

Texte aus dem Werk von Dorothee Sölle
Zusammengestellt von Bettina Hertel

HERDER

FREIBURG · BASEL · WIEN

Die in dieser Ausgabe abgedruckten Gedichte und Gedichtauszüge erscheinen mit Genehmigung des Wolfgang Fietkau Verlages, Kleinmachnow. Sie sind dem dort vorliegenden poetischen Gesamtwerk von Dorothee Sölle entnommen: Meditationen & Gebrauchstexte ©1969; Die revolutionäre Geduld © 1974; Fliegen lernen © 1979; Spiel doch von Brot und Rosen © 1981; Verrückt nach Licht © 1984; Zivil und ungehorsam © 1990; Loben ohne Lügen © 2000.
Die Überschriften stammen von der Herausgeberin. Originalüberschriften von Dorothee Sölle sind durch * gekennzeichnet. Alle weiteren Original-Überschriften finden sich im Quellenverzeichnis ab Seite 228. Auslassungen in den Gedichtauszügen sind durch Punkte markiert.

Titel der Originalausgabe: Leidenschaft für das Leben

ISBN 978-3-7831-3372-1

www.herder.de

Umschlagkonzeption: Agentur RME Roland Eschlbeck
Umschlaggestaltung: Verlag Herder
Umschlagfoto: © Mykola Velychko – Fotolia.com
Foto Dorothee Sölle: © dpa/picture-alliance

Innengestaltung und Satz: agentur IDee
Herstellung: fgb · freiburger grafische betriebe
www.fgb.de

Gedruckt auf umweltfreundlichem, chlorfrei gebleichtem Papier
Printed in Germany

ISBN 978-3-451-06134-9

Der fremde Gast

VORWORT VON FULBERT STEFFENSKY

Ein Text von Dorothee Sölle für einen jeden Tag des Jahres, was heißt das? Ein solcher Text ist wie ein fremder Gast, dem ich täglich für kurze Zeit Gastrecht gewähre. Er will nicht viel, wie gesagt nur eine kurze Zeit des Tages. Diese aber will er für sich allein, er will keine Begrüßung im Vorübergehen, er will mit Bedacht aufgenommen werden, sonst verrät er mir nichts von seiner Weisheit. Der Gast fragt nicht, ob er mir willkommen ist. Er kommt, er ist da, er will für sich und für mich die kurze Zeit der Ruhe. Die Gaben des fremden Gastes sind mir nicht immer willkommen, und sie sind mir nicht geläufig. Er führt mich mit seinen Gedanken in eine Fremde, in der ich noch nicht war. Er wiederholt mich also nicht nur in dem, was ich schon immer wusste. Er ärgert mich manchmal, er bringt mich in Widersprüche. Seine Fremde ist mein Vorteil. Ich lerne mehr kennen als mich selbst. Texte, die mich nur wiederholen und bei denen ich keine Mühe aufwenden muss, sie zu verstehen, verdummen mich eher. Eine gute Lehrerin verwickelt mich in Widersprüche. Ein guter Text verwickelt mich in seine eigene Fremdheit. Er widerspricht mir eher, als dass er mich bestätigt. Man kann nicht jederzeit und zu allem, was er sagt, Amen sagen. Man muss auf ihm kauen wie auf Schwarzbrot, das seine Süße nur langsam entlässt. So eignen sich für ein Jahreslesebuch wie dieses nicht alle Texte. Manche sind zu offensichtlich, zu einsichtig, und man hat mit ihnen keine Mühe. Das kann man von den hier ausgesuchten Texten von Dorothee Sölle nicht sagen. Sie haben immer mehr, als man auf den ersten Augenblick sieht und vermutet. Bettina Hertel ist zu danken, dass sie gerade nicht gefällige Texte von Dorothee Sölle ausgesucht hat. Die meisten von ihnen sind hart, wie jede gute Sprache hart ist. Sie sind fremd – und vor allem: Sie sind schön. Es gibt eine Härte und Fremdheit, die unbrauchbar sind, weil sie nicht schön sind. Es gibt eine Schönheit und Gefälligkeit, die unbrauchbar sind, weil sie nicht fremd und hart sind. Dorothee Sölle war eine Sprachmeisterin, wie wir sie in der Theologie und der religiösen Sprache kaum hatten. Sie hat mit ihrer Sprache nie geschmeichelt, oder anders gesagt: sie hat nie gelogen. „Loben ohne Lügen" heißt einer ihrer Gedichtbände.

Wie geht man praktisch mit solchen Tageslesungen um? Es gibt Gepflogenheiten, die einem das Leben erleichtern. Dazu gehört ein fester Zeitpunkt am Tage, den man sich für diese Texte frei hält. Man fragt nicht, ob man gerade in diesem Augenblick für die Texte bereit ist oder nicht, ob man dazu in Stimmung ist oder nicht. Man hat es sich zur Sitte gemacht, zu der abgemachten Zeit den Text zu lesen. Solche Sitten bewahren vor den eigenen zufälligen Launen. Man sucht für die Lesung immer denselben Ort aus. Solche abgemachten und oft aufgesuchten Orte bereiten uns vor auf die Lesung. Vor allem aber lässt man sich Zeit für den fremden Gast. Es muss nicht viel Zeit sein, aber sie soll ruhig sein. Man kann den täglichen Text eben auch wie einen Menschen behandeln: Man stimmt ihm zu, man schimpft mit ihm, man empört sich oder macht ihm eine Liebeserklärung. Das heißt, man hält Zwiesprache mit dem Text, und so baut der Text an unseren eigenen Gedanken. Alle Bildung ist ein Gespräch mit dem Fremden. So bildet uns ein Text, wenn wir mit ihm sprechen. Wichtig ist, dass wir nicht ergebnisorientiert denken, also nicht sofort fragen, wie wir den Text für den eigenen Unterricht, die Predigt oder für etwas anderes benutzen können. Die tägliche Lesung kann nicht verzweckt werden. Es ist eine köstliche kleine Nutzlosigkeit, die dann schon etwas mit uns anstellt und uns verändert und bereichert. Eine Form, einen Text zu meditieren, kann sein, ihn abzuschreiben. Die schreibende Hand hilft uns, den Text zu lesen und aufzuschlüsseln.

Dies sind einige Ratschläge für den Umgang mit Texten. Man kann auch alles anders machen. Aber langfristig bleibt man nur bei der Sache, wenn man sich Gepflogenheiten erlaubt, die einen vor der eigenen Willkür schützen.

JANUAR

Musik

Gerechtigkeit

Familie

Zeit

Natur

Begegnungen

Glauben

Reisen

Mystik

Sprache

Frieden

Erwartungen

1. JANUAR – NEUJAHR

Psalm

Findet euren eigenen Psalm. Das ist eine Lebensaufgabe und viel zu groß für uns, aber lasst euch nicht unnötig verkleinern. „Meine Seele singe zu Gott" – so haben Menschen, die innerhalb furchtbarer Verkleinerungszwänge lebten, gebetet. Hungrige, Verkrümmte, Geängstigte, an Geist und Seele verkümmerte Frauen haben das gewusst und gesungen. „Lobe den Herrn, meine Seele", haben sie zu ihrer Seele gesagt. Esst den Psalm, Gott hat schon Brot gebacken, die Väter und Mütter des Glaubens haben schon für uns vorgesorgt. Esst und lernt, Brot zu backen.

2. JANUAR

Marias Lied

Das andere war, dass Maria anfing zu singen mit alten Worten, die Hanna vor ihr gesungen hatte, und mit neuen, die sie mit einem Mal wusste. Es war Maria, die sang, aber es war auch ihr Volk, das sang und schon so lange, so quälend lange gesungen und gewartet hatte. Tradition und Revolution sind in diesem Lied aus Lukas eins, es ist ein Danklied, und es tut das, was alle wirkliche Frömmigkeit immer tut: Es lobt Gott. Es sagt Ja zum Leben, zum Glück und zu den Schmerzen. Es sagt Nein zur Unterdrückung und zum Hunger.

3. JANUAR

Musik der Welt

Maria war sanft und kämpferisch in einem, indem sie dieses Lied sang. Es ist eine Antwort auf das, was Gott an Maria tut, in der Antwort „vergrößert“ (magnificat) sie den, der ihr das vorhergehende Wort der Verkündigung gesandt hat. Vielleicht ist es richtiger zu sagen: Es war nicht Maria, die sang: es war Gott, und er sang mit Marias Mund. Es war die Musik der Welt, die in uns ist und doch nicht von uns kommt.

4. JANUAR

Weihnachtsoratorium

Trompeten und pauken
königsinstrumente
man benutzt sie in palästen

Flöten und hörner
hirteninstrumente
man spielt sie im dorf

Aber jsb hat sich das anders gedacht
bei hofe erklingen die sanften
tonfarben der hirten

Im stall
frohlocken die königsklänge
im ausländerwohnheim
schlagen die pauken
ein anderes glück

5. JANUAR

Wie spatzen

...
Wie spatzen sind meine wünsche
freche unmusikalische vögel"
...

6. JANUAR – HEILIGE DREI KÖNIGE

*Die könige**

...
Die könige haben ein fernrohr gebastelt
unförmig schlecht transportabel
und wenig nütz auf der weglosen reise
durch sand die sie nächtlich machten
zu diesem einzigen zweck
einen stall zu besichtigen
...

7. JANUAR

Segenslied

In einem Lied aus der amerikanischen Frauenbewegung, das einem kleinen Mädchen gilt, heißt es: „Möge der warme Wind dich streicheln, möge Gott lächeln, möge sie dich segnen." Gott lächelt, sie segnet, sie tröstet. Wärme, Weichheit, Zärtlichkeit, Geborgenheit, Gefühlsreichtum sind Züge Gottes.

8. JANUAR

Schweigen?

Die ausführlichen Darlegungen im Brief über Ursprung, Sinn, Bedeutung und Aufgabe des Gesangs gehören zum Tiefsten, was Hildegard von Bingen über Musik geschrieben hat. Das Verbot, laut zu singen, hat sie als schmerzlichen Eingriff erfahren: wie kann man das Gotteslob zum Schweigen bringen? Wie kann man einer klösterlichen Gemeinschaft verweigern, „Gemeinschaft zu haben mit dem Lob der Engel im Himmel"? Ein Briefwechsel Hildegards mit ihrem Oberhirten, dem Erzbischof von Mainz, der wegen des 3. Laterankonzils in Rom weilte, führte endlich zur ersehnten, heiß erkämpften Lösung. Christian bestätigt ihr Recht und entschuldigt sich in einem Brief für die „Trübsal und Bedrängnis", die den Frauen durch die Institution zugefügt wurde. Wenige Monate später stirbt Hildegard am 17. September 1179.

9. JANUAR

Mein leben lang

...
Ich freue mich deiner und der alten erde
ich will für dich singen mein leben lang
ohne apparate will ich dich loben
deinem licht will ich glauben
in dich will ich fallen
schein doch gott

Licht ist dein kleid das du anhast
freu dich deiner werke
freu dich auch in mir
...

10. JANUAR

Lieder von Heilung

Wir wissen doch schon lange, dass wir eine andere Spiritualität als die unserer Welt bitter nötig haben. Hin und wieder haben wir sie in kleinen Versammlungen schon aufleuchten sehen: Lieder und Gesten, Bekenntnis der Sünde und Zusage der Befreiung, Geschichten von wunderbarer Heilung und von den Senfkörnern des anderen Lebens.

11. JANUAR

Ein Lied als Gebet

„Mach mich stark, halt mich schwach, Mutter Göttin, make me strong, keep me weak." Dieser Text [aus der amerikanischen Frauenbewegung] ist nicht einfach eine Bitte um Stärke, um das große Auch, sondern eine Bitte um das große Anders, um das Schwach-bleiben-Wollen. ... Ich will also schwach bleiben, das heißt nicht eine vermeintliche Stärke erringen, ich will nicht meine Identität aufgeben.

12. JANUAR

Morgens

Ein regen fällt und weckt mich auf
laut trommeln die großen tropfen
rote früchte seh ich vor augen
im schlaf noch hör ich sie fallen
auf mich die erde rollen die tropfen
der bäume und aufwachend
horch ich ihr nach der jetzt verstummten musik
vom himmel verloren ist sie
und ich mit ihr wozu aufstehn

13. JANUAR

Lied für die Sonne

Ich will eine Geschichte erzählen, die ich von einem alten Indianer aus Utah, USA, gehört habe. „Als ich ein Kind war", sagte Quentin, der später Missionar geworden war, „blieb ich oft bei meiner Großmutter. Jeden Morgen sang sie ein Lied, wenn sie der Sonne half aufzustehen und wenn sie die Schönheit der Welt wieder anschaute. Ich hörte ihr Morgenlied und sah sie an, und sie war irgendwo anders, irgendwo, wo ich auch sein wollte. Dieses sah ich auch beim Sonnentanz und beim Bärtanz in den Gesichtern der Menschen meines Volkes. Ich hörte es in den sanften Utah-Stimmen. Wenn ich im Gras lag und die Wolken spielen sah und hörte, wie sie sich ihre Geschichten erzählen, dann wurde mir klar, dass es Segen war, was ich auf ihren Gesichtern las."
Die Großmutter half der Sonne beim Aufstehen. She helped the sun to rise.

14. JANUAR

Über das singen

Ein lied hören
die melodie summen
worte behalten
die pausen brauchen
den refrain kennen

Sich wegtragen lassen
verlieren und wieder finden
eine alte bekannte auf der straße
wir haben uns vor zwei jahren kennengelernt
zu einem lied sagen

Ein lied hören
die melodie summen
die worte kommen
ich hole sie nicht
ein lied werden

15. JANUAR

Ein haus

...
Ein haus baust du aus dem ton deiner stimme
offen der himmel ich seh weit jetzt
...

16. JANUAR

In tönen

...
Mit dir singen möchte ich wieder
nicht nur zuhören oder mich ganz vergessen in tönen
ich möchte mit dir gedächtnis haben
und den morgen land den wir noch brauchen
...

17. JANUAR

Winterreise

Ich war zwölf Jahre alt, als ich die „Winterreise" kennenlernte. Mein zwei Jahre älterer Bruder Thomas nötigte mich, neben ihn an den Flügel zu treten und die Singstimme zu halten, was gegen sein Gepolter, vor allem der Bässe, mitunter nicht einfach war. „Nötigte" ist eine Übertreibung – kann Gesang erzwungen oder befohlen werden? Es gab jedenfalls einen gewissen Druck, weil es für mich neu war, dass Lieder nicht „von allein" gingen, sondern eine Auseinandersetzung zwischen der menschlichen Stimme und dem anderen wortlosen Instrument brauchten, ja dass sie gerade von ihr lebten. In diesem Prozess wurde das Singen für mich etwas anderes: Ich erlebte die musikgeschichtliche Zäsur, die dem Schubert der „Winterreise" zu danken ist, in der sich das naturhaft-innige Lied zum Konzertlied emanzipiert, im Singen.

18. JANUAR

*Freie zeit**

Immer wenn ich musik im radio höre
classical one-o-four-point-three
habe ich angst vor den pausen
wird meine zunge trocken
höre ich die stille
höre ich die leere
in einer zeit
die nicht mir gehört
und nicht johann sebastian oder johannes
oder dem kleinen traurigen franz aus wien
...
Und die kleine stille zeit
ich denk mir die kollegen
vom classical one-o-four-point-three
könnten sie brauchen
weil vergebt mir wir brauchen zeit
einander zu lieben
gerade den gustav und den robert
und alle die etwas wussten
von der stille nach dem letzten ton
von der seltsamen zeit
die niemandem gehört
absolut frei ist
falls ihr das wort versteht
frei

19. JANUAR

Lebensbild

Das Bild vom Leben, das unter Quäkern umgeht, spricht in schöner mystischer Übertreibung und zugleich durchaus realistisch von drei Qualitäten, die allen offen stehen:

- grenzenlos glücklich
- absolut furchtlos
- immer in Schwierigkeiten

Es gibt Menschen, die das „stille Geschrei“, das Gott ist, nicht nur hören, sondern es auch hörbar machen als die Musik der Welt, die den Kosmos und die Seele auch heute erfüllt.

20. JANUAR

Matthäuspassion

Mir ist es beim Anhören der „Matthäuspassion“ immer wieder so gegangen, dass ich mich dabei ertappte, etwas zu suchen, als wäre da nicht eine andere, erst zu benennende Dimension im Spiel, als forderte mich diese Musik zu einer Ergänzung heraus, zu etwas, das sie nicht mitbringt, aber von mir verlangt. Als sei die „Matthäuspassion“ von JSB unvollendet, weil wir nicht nachkommen, ungenießbar, weil wir ihre Frucht nicht aneignen können, ehe wir den Weg mit unseren Stationen gegangen sind. Im Hören werde ich ein Teil der Geschichte, ich schreie in Empörung mit den Jüngern: „Lasst ihn! Haltet! Bindet nicht!“, ich höre, und mein inneres Auge wird geöffnet. Was tut diese Musik mit mir? Sie bewegt mich, sie rührt mich an, movere, und sie belehrt mich, docere, sie führt mich in die Realität. O Mensch, bewein dein Sünde groß.

Diese Musik tut beides mit mir, movere und docere, sie macht mich fühlen und sehen, was ich nicht fühlte und lieber nicht sehen wollte.

21. JANUAR

Gottesbild

In den letzten zehn Jahren bin ich bestimmt über hundertmal von Journalisten gefragt worden: „Welches Gottesbild haben Sie eigentlich?" Keins, brumme ich dann. Ich soll doch nicht! Mal dies, mal jenes. Vater oder Mutter oder Morgenglanz der Ewigkeit oder d-moll-Klavierkonzert. Kommt drauf an, wo ich Gott treffe.

22. JANUAR

Kein tag ohne freude

...
Dreh dein gesicht zu uns gott
komm zu denen die nach dir ausschau halten
mach uns satt am morgen von deinem licht
dass wir musik machen und kein tag ohne freude sei
...

23. JANUAR

Gottes Lob

In der protestantischen Tradition wird Gott fast ausschließlich an seinem Wort, in Schrift und Auslegung erkennbar. Im Sinne der Geistin müssen wir fragen: Warum eigentlich nicht auch im Tanz oder im Schweigen? Gewiss lässt sich Gott auf der Orgel loben, aber warum nicht auch in Rock oder Rap?

24. JANUAR

Was bedeutet dieses stück

Was bedeutet dieses stück
wurde beethoven gefragt
als er einem freund eine neue sonate
vorgespielt hat
da soll er zum klavier zurückgegangen sein
und die ganze sonate noch einmal gespielt haben
das bedeutet es sagte er

So geht es mir
wenn ich den ersten johannesbrief lese
wenn einige millionen europäer keine bomben mehr wollen
wenn ich dir einen kuss gebe

Was bedeutet dieses stück
ist oft eine unangemessene frage
wir gehen zum klavier zurück
und spielen alles noch einmal

Das bedeutet es sagen wir

25. JANUAR

*Techno-Messe**

Vor Kurzem habe ich einen Kirchentag in Finnland besucht und dort an einem Gottesdienst teilgenommen, der als Techno-Messe über die Schöpfung angekündigt war. Ein Jugendpfarrer hatte ihn mit Jugendlichen zusammen gestaltet, es gab dort Dunkelheit in der neugotischen Kirche und farbige Lichtstrahlen, die sich berührten, verschlangen, umspielten; es gab sausende elektronische Töne der Techno-Musik, aber auch gregorianischen Gesang, es gab den Tanz einer Frau, der mir wie der Hauch der Geistin erschien, es gab das biblische Wort und eine sehr kurze Predigt. Vor allem aber: es gab das Geheimnis der Schöpfung, aus dem Dunkel des Chaos und dem Brausen der Geistin wurde Licht. Das Geheimnis des Anfangs wurde Ton, Licht, Bewegung, fühlbar, hörbar, sichtbar. Ich hatte das Gefühl: Das ist der Kosmos, in den ich geboren bin, ich bin ein Teil des Ganzen, geschaffen zu atmen mit aller Kreatur. Ich bin zu Hause in diesem Wunder, wie könnte ich das auch nur einen Tag lang vergessen.

26. JANUAR

Lobe den Herrn meine Seele

Lobe den Herrn meine Seele.
Den Ewigen preise, meine Seele.
Benedeie, meine Seele, Gott.
Preise meine Seele den Ewigen.

Ich habe versucht zu sagen, was „meine Seele“ und diese „hymnische Selbstermunterung“ bedeutet, wie die Gelehrten das gern nennen. Noch schwerer ist zu sagen, was dieses Loben, Preisen, Benedeien bedeuten soll. Ein Lehrer, von dem ich vielleicht am meisten für den Glauben gelernt habe, ist Martin Buber. Er übersetzt den ersten Vers einfach: „Segne meine Seele, Ihn.“

27. JANUAR – GEDENKTAG DER OPFER DES NATIONALSOZIALISMUS

Das Haus der Großmutter

Ich wusste damals viel, sicher nicht alles, sicher nichts von Auschwitz. Aber mir war zum Beispiel bekannt, dass das Haus, in dem meine Großmutter in Darmstadt wohnte, einem jüdischen Ehepaar gehörte. Die Hausvermieterin war sehr freundlich zu uns Kindern, wir mochten sie gern. Eines Tages, als wir wieder zu Besuch kamen, war sie verschwunden. Ich wollte wissen, wo sie sei, und die Antwort war deutlich genug: „Sie ist in ein Lager abtransportiert worden und sie hat eine Postkarte geschrieben, dass es ihr „den Umständen entsprechend ganz gut geht“. Der Brief, den meine Großmutter ihr darauf nach Theresienstadt schrieb, kam mit dem Vermerk „Empfänger verstorben“ zurück. Damals muss ich zwölf oder dreizehn Jahre alt gewesen sein.

28. JANUAR

*Lieder vom frieden**

Überall fragen wir nach
ob er morgen kommt
oder im frühjahr
oder im frühjahr darauf
der frieden

Khoat ein alter musikprofessor
jeder kennt seine lieder vom kampf und der befreiung
lässt die kinder in deutschland grüßen
sie sollen fleißig lernen
und auch gedichte schreiben
...

29. JANUAR

Musik hören

An der wohnungstür bereit fortzugehen
will ich das radio ausschalten
und bleibe stehen und versinke
ein paar töne nur ziehen mich fort
...
Musik hören ist
eine art frei zu sein

30. JANUAR

Spuren Gottes

Wir brauchen Spuren Gottes und sollten sie im Nahbereich, wo wir leben, suchen und bewahren. Es sind Erinnerungen um der Zukunft willen, Lieder von früher, die morgen wieder gesungen werden. Die Schönheit ist kein Luxus, der uns von der Verzweiflung ablenken soll, sie ist nicht „Ästhetik pur", wie heute gern verkündet wird, sie ist die Erfindung Gottes, uns zu sich zu locken. Das Schöne, das Wahre, das Gute – also Ästhetik, Erkenntnistheorie und Ethik – sind eins in Gott. Durch Schönheit, durch Freude stimmt Gott uns ein in das gemeinsame Gute.

31. JANUAR

Auf dass alle

So viele chorlieder sangen wir
dass die fünfjährige die geduld verlor
bis ein lied kam feierlich schritt es einher
ALSO HAT GOTT DIE WELT
verfing sich in einem wort
und wiederholte es unaufhörlich
ALLE ALLE ALLE

Johanna hört zu
sie hebt die hände auf
und singt mit
AUF DASS ALLE

Auch als wir längst aufgehört hatten
Schützlieder zu singen
sang sie noch immer
ALLE ALLE ALLE

Verfing sich im singen
und stampfte mit ihren füßen
überrumpelt vom glück

Ich hab ihr versprochen
es nie zu vergessen
auch unter denen die täglich
ihre seele verkaufen
zu singen zu glauben
ALLE ALLE ALLE

FEBRUAR

Musik

Gerechtigkeit

Familie

Zeit

Natur

Begegnungen

Glauben

Reisen

Mystik

Sprache

Frieden

Erwartungen

1. FEBRUAR

Sonne

Die Gerechtigkeit ist eine Sonne, und sie sollte auch hier scheinen, bei dir und mir und bei unseren Freunden.

2. FEBRUAR

Zweckloses Handeln

In den Begegnungen der Liebe gibt es immer wieder eine Erfahrung des Glücks, die uns den Glauben an Gott zumindest nahelegt. Die Arbeiten, mit denen wir anderen Menschen das Leben wärmen, werden als selbstverständlich und fraglos verstanden. Einem Hungernden Essen zu geben, einen Kranken zu waschen, ein Kind zu trösten, gegen das Unrecht zu kämpfen und einen Tyrannen zu stürzen, das hat seinen Grund in sich selber. Das sind Handlungen, an denen die Zweifel nicht nagen, sie geben uns ein Stück Lebensgewissheit und ein Stück Überzeugung von der Güte des Lebens.
Wir tun sie ohne Zweck, ohne Warum, wie Meister Eckhart das nennt, wir haben uns dann vom Geist der Berechnung des Lebens, des „do ut des", getrennt. Wir sind das, was wir tun. Und gerade das ist Erfahrung Gottes, egal, welchen Namen wir ihm geben.
Man kann diese Erfahrung nicht vor der Handlung und nicht ohne sie haben. Auferstehung ist immer auch Aufstand. Resurrection is insurrection. Gegen den Tod zu kämpfen suspendiert die Lebenszweifel. Es bringt uns näher an den Willen Gottes, der das Leben in seiner Fülle will.

3. FEBRUAR

Das werk unserer hände

...
Bring uns brot und rosen mit gott
deinen glanz steck den kindern ins haar
sei hell über uns mach uns leicht
zu kommen und zu gehen
und hilf uns deine welt bewahren
und treib das werk unserer hände voran
die gute arbeit der befreiung
...

4. FEBRUAR

Wasser

Wo immer Theologie sich verändert, da ist Mystik mit im Spiel. In der zweiten Hälfte des 20. Jahrhunderts ist in Lateinamerika eine christliche Basisbewegung entstanden, die die Züge einer Mystik der Armen trägt. Als eine solche kirchliche Basisgemeinde in São Paulo von einer Besucherin gefragt wurde, was sie eigentlich zusammengeführt habe, sagten die Leute: „Wir brauchten eine Leitung mit sauberem Wasser, unsere Brunnen waren verseucht." Die Europäerin wunderte sich, was das wohl mit dem Glauben zu tun habe, und bekam zu hören: „Meinst du nicht, dass Gott will, dass wir sauberes Wasser haben?!"

5. FEBRUAR

Heiligkeit des Lebens für alle

Religion ist in unserer Welt ebenso überflüssig wie unentbehrlich. Im funktionalistischen Sinn ist sie überflüssig, sie hat die alten Rollen abgegeben: Die Wissenschaft erklärt die Welt; Staat und Wirtschaft regeln das Gemeinwesen; eine gemeinsame Ethik zerfällt in Stammessitten. Im mystischen Sinn jedoch ist die Religion, gerade für die Liebenden, unerlässlich. Noch benennt sie unsere Armut, noch erinnert sie an die verbindende, heilende Macht in uns. Noch spricht sie von der Heiligkeit des Lebens für alle, die wir in der Liebe orten können.

6. FEBRUAR

Gegenerfahrung

Nicht Gott will uns leiden machen. Aber die Liebe hat ihren Preis. Gott will uns lebendig machen, und je weiter wir unser Herz öffnen für andere, je hörbarer wir eintreten gegen das Unrecht, das über uns herrscht, desto schwieriger wird unser Leben in der reichen Unrechtsgesellschaft.
Und doch gibt es diese Gegenerfahrung vieler Christinnen und Christen noch heute, leisten sich die Menschen die Güte und erlauben sich selbst das Stück Gerechtigkeit und Fürsorge für andere, ohne das wir nicht Mensch werden können.

7. FEBRUAR

Befreiende Theologie

Im Sinn befreiender Theologie sieht die mit Gott vereinte Seele die Welt mit Gottes Augen an: Sie sieht, wie Gott, das, was sonst unsichtbar gemacht wird und keine Rolle spielt; sie hört das Gewimmer hungriger Kinder; sie lässt sich nicht ablenken von dem realen Elend; sie wird eins mit Gott in der Wahrnehmung, in der Erkenntnis, im Handeln. Die Erlösung besteht bei den Menschen in den Elendsvierteln nicht darin, dass ein großer ferner Akteur das Elend der Unterdrückten aufhebt, sondern darin, dass dieser Fernnahe so nah wird, dass er in und durch die mit ihm Einsgewordenen agiert. Das mystische Auge erkennt in den befreienden Bewegungen, auch wenn sie sich rein säkular formulieren, Gott am Werk: sehend, hörend, handelnd.

8. FEBRUAR

Ein kamel

…

In diesen zeiten ein mensch zu werden
ist etwa so möglich wie
dass ein kamel durch ein nadelöhr geht

…

9. FEBRUAR

Erlösen

Erlösen heißt in der Bibel so viel wie Befreien oder Retten oder Heilen. Christus ist nicht der Superheld, der plötzlich den Krebs oder die Atomkraft wegzaubert und abschafft. Wohl aber befreit er uns von der Furcht vor der Besessenheit von dem Übel und heilt, indem er uns die Angst wegnimmt, die unsere Heilkraft blockiert. Erlösen heißt, die Kraft Gottes, „das von Gott“ in uns freizusetzen, darum sind Erlöste solche, die auf ihrer Menschenwürde bestehen. „Wenn ich in den Himmel komme", so sangen die schwarzen Sklaven im Süden der Vereinigten Staaten, „dann geh ich überall frei herum, niemand wirft mich hinaus." Der befreiende Christus dieser Menschen hielt ihre menschliche Würde, ihren Hunger und Durst nach Gerechtigkeit wach.

10. FEBRUAR

Keinen tag

...
Keinen tag soll es geben
an dem du sagen musst
niemand ist da der mir kraft gibt zum widerstand
keinen tag soll es geben
an dem du sagen musst
niemand ist da der mir mut macht zum ungehorsam
keinen tag soll es geben
an dem du sagen musst
ich halte es nicht mehr aus
...

11. FEBRUAR

Bin ich Jesus?

Vor vielen Jahren, ich war noch eine schüchterne kleine Studentin, fragte ich einen Mann an einer Baustelle: „Wissen Sie vielleicht, wie viel Uhr es ist?" Er gab mir eine merkwürdige Antwort, die mich damals ganz sprachlos machte. „Bin ich Jesus?", sagte er in einer Art gutmütigen

Spottes. Immer wenn ich darüber nachdenke, wer dieser Jesus und gar dieser Christus für uns heute sein soll, kommt mir dieser Mann mit seiner Frage in die Quere. Bin ich Jesus?!
Jesus ist für diesen Arbeiter aus einer anderen Welt. Ein himmlisches Wesen, das mit uns nichts zu tun hat, alles sieht, hört, weiß und kann.
Sind wir Jesus?! Heute würde ich dem Arbeiter an der Baustelle ein wenig offener und offensiver antworten. „Natürlich", würde ich sagen, „sind Sie Jesus, Mann! Was wollen Sie denn sonst aus Ihrem Leben machen?! Dass Fritz Müller allein nicht reicht, das wissen Sie doch auch! Sie sind doch auch dazu geboren und in die Welt gekommen, um von der Wahrheit zu zeugen. Machen Sie sich nicht kleiner, als Sie sind. Mitläufer haben wir schon genug. Stellen Sie sich doch mal vor: Sie und ich und Ihre Schwiegermutter und Ihr Boss – sind Jesus. Was würde sich ändern? Es steckt doch etwas in uns ... von Gott."
Auf die Frage: „Bin ich Jesus?" kann die Antwort nur heißen: Ja, warum eigentlich nicht?

12. FEBRUAR

Das von Gott

„Das von Gott" steckt verborgen, überlagert, oft vergessen in jedem Menschen. Diese auch im Englischen holprige Ausdrucksweise des „that of God in everyone" ist die Begründung der menschlichen Würde und zugleich die Aufforderung, an es zu glauben, es zu entdecken in jeder und jedem und ihm zu antworten. Der amerikanische Theologe Matthew Fox sagt: „Wandle fröhlich über die Erde und antworte dem von Gott in jedem Menschen."

13. FEBRUAR

Ebenbildlichkeit

Im Talmud wird die Ebenbildlichkeit der Menschen mit Gott nämlich nicht im Sinne einer geistigen Ebenbildlichkeit verstanden, sondern dass wir Bild Gottes sind, das bedeutet, dass wir wie Gott handeln können. So wie Gott Adam und Eva Kleider machte, so können auch wir die Nackten kleiden. So wie Gott den Elia durch einen Raben fütterte, so sollen auch wir die Hungrigen speisen. Nichts ist christlich falscher, als den Gedanken von Gottes Allmacht und der Menschen Ohnmacht so zu stabilisieren, dass ein Austausch nicht mehr stattfindet. Dann entsteht eine verdinglichte Transzendenz anstelle der Imitatio Dei, die uns jüdisch gedacht aufgegeben ist.
Gerade die Überwindung solcher verdinglichter Transzendenz wäre Aufgabe einer befreienden Theologie.

14. FEBRUAR

Lehrer

Die Armen Lateinamerikas sind, nach einem Grundsatz der Befreiungstheologie, „die Lehrer". Sie evangelisieren uns, verkünden uns die Botschaft, lehren uns die Bibel neu lesen. Oft erscheint ihre theologische Alphabetisierung, ihre Fähigkeit, im Buch des Lebens zu lesen, sehr viel weiter entwickelt als in unserer säkularen, dem Götzen des Konsums unterworfenen Welt. Es gibt theologisch viel bei ihnen zu lernen und zu entdecken, aber vor allem haben sie einen Zug des Reiches Gottes anders und tiefer als wir erfasst, das ist die Freude. Vielleicht können wir am meisten aus ihren Festen, ihren Liedern, ihrer Lebenshingabe lernen, um vielleicht einmal wieder Kirche zu werden, die die Nähe Gottes zu den Menschen ausdrückt als Freude.

15. FEBRUAR

Mitarbeiter der schöpfung

Ich glaube an jesus christus
sohn des lebens bruder der menschen
erstgeborener aller schöpfung
der uns an unsere geschwister erinnert
die bäume und die vögel des himmels
schwester wasser und bruder feuer
er verbindet uns mit allem was lebt
auf unserem kleinen planeten erde

Ich glaube an jesus
den sohn des lebens
das uns geschenkt wird
damit wir es weiter verschenken
er hat die kranken geheilt und die traurigen
er hat die hungrigen gespeist und die verzweifelten
ein mitarbeiter der schöpfung
die weitergeht an jedem tag
in unserer arbeit
wenn wir unsere heimat vor der plünderung schützen
unseren kleinen planeten erde
...

16. FEBRUAR

Ernst nehmen

Ein Grund, den ich hatte, mich für die Vietnamesen zu engagieren, war ein zugleich privater und christlicher. Ich glaubte zu wissen, was es heißt, wenn ich sagte: Ich bin Christin. Ich drückte damit eine Beziehung zu einem Menschen aus, der vor zweitausend Jahren gelebt und die Wahrheit gesagt hatte. Ich versuchte, diesen Mann ernst zu nehmen, weil ich dachte, dass seine Geschichte Folgen hat bis heute.

17. FEBRUAR

Anteilhabe

Christus hat uns ja die Anteilhabe am Leben versprochen, unsere Beteiligung an der Schöpfung, an der Gerechtigkeit, am Reich Gottes.

18. FEBRUAR

Befreiung Gottes

Wo immer Gott befreiend handelt in und durch Menschen, da ist Partizipation am Befreiungshandeln Gottes, das Mitmachen, das Sich-hineinziehen-Lassen in den Befreiungsprozess, da erscheint „Kirche“ im vollen Sinne des Wortes, bezogen auf das Reich Gottes. Mit dem Ausdruck „historische Befreiung Gottes“ meine ich einmal, dass Gott auch heute sein Volk aus Ägypten herausführt, und dann, dass Gott selber befreit wird: Der verborgene Gott wird sichtbar, greifbar, hörbar. Er bleibt nicht versteckt, sondern wird erkennbar, die Güte Gottes lässt sich schmecken (Psalm 34,9).

19. FEBRUAR

Was gott sucht

...
Was gott bei dir sucht
nichts als recht für die rechtlosen
und freundlichkeit für alle

Was soll denn das sein
bei mir gibts nichts zu holen
da kann der lange suchen
auf dich haben wir gerade gewartet
sagt mir der chef
wo soll ich anfangen
und wie weit soll ich gehen

Was gott von dir erwartet
gott und sein volk der fische
gott und sein volk der bäume
gott und seine kinder

Das soll mir gesagt sein
das hätte ich schon gehört
das spräche manchmal
leise stotternd auch in mir
...

20. FEBRUAR

Die Armen

Man muss sich den biblischen Kontext wirklich so vorstellen wie die heutige „Dritte Welt“. In einer extremen Armutssituation ist es fast die Regel, dass Männer die Frauen irgendwann verlassen und eine ungeheure Überzahl bettelnder Frauen, die mit ihren Kindern alleinge-

lassen sind, das Elend an ihrem eigenen Leib und Leben austragen. Das sind die Menschen, auf die sich das Evangelium bezieht. Und, wie die Befreiungstheologie meint, die ganze Bibel ist geschrieben aus der Perspektive der Armen; ihre Versprechen, ihre Verheißungen sind für die Armen da.
Das Kriterium der Schriftauslegung sind die Armen.

21. FEBRUAR

Reich Gottes

Der Begriff des „Reiches Gottes" steht im Mittelpunkt der ursprünglichen Jesusverkündigung. Dieses Reich, von dem Jesus meistens in Gleichnissen, also erzählend, nicht definierend spricht, wird verstanden als Gottes Nähe zu den Menschen, die in Gerechtigkeit, Frieden und vor allem Freude erfahren wird. Auch für das Reich Gottes gilt, dass es denen, die am weitesten von ihm entfernt sind, am nächsten ist. Seine Verkündigung gilt den Armen und den Elenden; „Reich" drückt, erzählend und bildhaft veranschaulicht, deutlicher als Begriffe wie „Heil" oder „Erlösung" den sozialen, den politischen Charakter der Befreiung aus. „Als mir das Reich genommen, da Fried und Freude lacht, da bist du, mein Heil, kommen und hast mich froh gemacht" (Paul Gerhardt 1653).

22. FEBRUAR

Gleichheit

Es wird in den verschiedenen Befreiungstheologien immer wieder dargestellt, dass die Schöpfung als Gleichheit der Rassen, der Geschlechter und der Klassen gemeint ist.

Im Schöpfungsbericht der Bibel wird nichts über Schwarze erzählt, die vielleicht als Sklaven geboren sind, um die Weißen zu bedienen. Es wird von einem Ur-Paar, Adam und Eva, berichtet, Vater und Mutter aller Menschen.
Auch die Unterscheidung der Menschen in Arme und Reiche wird von einer Gleichheit überholt, die Gott gewollt hat.

23. FEBRUAR

Den Willen Gottes kennen

Ich glaube, das Christentum sagt jedem Menschen: Du bist wahrheitsfähig und du bist liebesfähig. Lass dir nicht einreden, dass du es nicht so genau wissen könntest, du weißt es, „es ist dir gesagt, Mensch, was gut ist".
Wir können wissen, was der Wille Gottes ist. Das ist die reine allgemeine herrschende Verunklarung, die das leugnet: und zwar mit guten Interessen. Ich denke, dass diese Art von Gewissheit die Frucht des Glaubens ist.

24. FEBRUAR

Jeden tag

...
Gott lass uns jeden tag deine stimme hören
wie sie uns ruft es werde
komm heraus aus der arche
nimm dein bett und geh
siehe ich stehe vor der tür
lass uns keinen tag in unserem leben
nur trivial funktionieren
keinen tag in unserem leben sein
ohne deine leuchtende stimme
ohne dein drängendes licht

25. FEBRUAR

Gebet als Sprache der Einheit

Andere Wünsche zu haben als die verordneten ist eine Vorbereitung, eine Art Schule des Gebets, die wir brauchen. Ein mystisch-ökologisches Bewusstsein versteht sich eingebunden in alles, was existiert. Alles, was ist, kann nur in der Koexistenz der Beziehung leben und überleben. Diese Koexistenz verbindet uns mit den Jahrmillionen der Evolution und zugleich mit dem Wasser unserer Enkelkinder. Sie ist nicht ignorierbar, niemand hat das Recht, sie zu kündigen. Sie braucht eine andere Weltfrömmigkeit.

Die Mystik als die zukünftige Gestalt der Religion bezieht sich auf diese Einheit des Lebens. Das Gebet als ihre Sprache macht die Einheit, die mit der Schöpfung gegeben ist, bewusst. An die Stelle des krebsartigen Wachstums einiger Lebewesen und Lebensformen tritt dann das Wohlergehen aller, an die Stelle der Siegermentalität das Geben und Nehmen. Ist es möglich, die Illusionen der Autonomie und der Autarkie und die Praxis der Ausgrenzung durch Liebe zu überwinden? Dass wir ohne diesen mystischen Traum keine Chancen haben, ist evident genug. Ihn schon jetzt zu leben ist die Hoffnung bewusster Minderheiten.

26. FEBRUAR

Commitment

Commitment (spanisch compromiso) ist ein schwer übersetzbarer Begriff der Befreiungstheologie; er bedeutet die Selbstverpflichtung, das Engagement, die Lebenshingabe, ohne die der Glaube bloße Weltanschauung, nur Kopfmeinung bleibt. Eine in diesem Sinn engagierte Gruppe von Christen wird bereit sein, die Stimmen unserer Geschwister aus der ausgeplünderten Zweidrittelwelt anzuhören, sie wird den Schrei der Mitgeschöpfe, der Bäume oder Robben wahrnehmen. Sie beginnt sich einzumischen.

27. FEBRUAR

Die Arbeit der Befreiung

Die Schöpfung ist unvollendet, und Gott braucht uns in der Geschichte, sie zu vollenden. Noch ist sie ein „work in progress".

Damit ist die Rolle der Menschen als Mitarbeiter Gottes in der Vollendung der ursprünglichen Schöpfung neu definiert, sie sind nicht nur passiv und annehmend beteiligt. „Wer arbeitet und diese Welt verändert, wird mehr Mensch, trägt zur Gestaltung einer menschlichen Gesellschaft bei und – wirkt erlösend." Der peruanische Befreiungstheologe Gutierrez bezieht sich ausdrücklich auf eine Aussage von Augustinus: „Der dich ohne dich gemacht hat, rechtfertigt dich nicht ohne dich. Der dich geschaffen hat, ohne dass du es wusstest, er wird dich nur rechtfertigen, wenn du es willst."

28. FEBRUAR

Dein wille

Wir wissen worauf du hinauswolltest
als du uns dir ähnlich geschaffen hast
kinder der erde die sterben müssen
deine töchter und söhne fähig die liebe zu lernen
schon jetzt mitten im krieg

Wir kennen deinen willen gott
leben in seiner fülle hast du allen versprochen

nicht nur den weißen nicht nur den reichen
nicht nur denen die kaffee trinken
auch denen die ihn pflanzen und ernten

Wir danken dir für deine vielen du sollst
mit ihnen fragst du uns nach unseren geschwistern
den bäumen und den tieren
dem wasser und der luft
nach unserer zeit fragst du
und nach dem was uns wichtig ist

Eines tages gott werden wir alle deine du sollst
verwandeln in ein großes ja ich will
ja wir werden die fremden nicht mehr hassen
und die mauern der trennung einreißen
und die gewalt wird nicht mehr wohnen bei uns
wir werden sie nicht füttern und hätscheln
nicht bezahlen und nicht für allmächtig halten
dein wille wird geschehen
auch in unserm land

29. FEBRUAR

Du sollst ihm helfen

...
Du sollst ihm helfen
das ist der glaube
er schafft es nicht
sein reich
damals später und bislang
jedenfalls nicht ohne dich
...

MÄRZ

Musik

Gerechtigkeit

Familie

Zeit

Natur

Begegnungen

Glauben

Reisen

Mystik

Sprache

Frieden

Erwartungen

1. MÄRZ

Offene hände[*]

…
Gott meine mutter hat mich gelehrt
die hände aufzuhalten
wenn ich sie bitte

Und den ball zu fangen
die brombeeren zu sammeln
das sonnenlicht einzumachen
…

2. MÄRZ

Nicht „in echt" denken

Ich möchte hier eine Geschichte von einem meiner Enkelkinder erzählen, um die Sache klarer zu machen. Dieses kleine Mädchen, dreieinhalb Jahre alt, holte alle meine Tassen aus dem Schrank und baute sich – unter meinen besorgten Augen – ein Café auf. Es schenkte imaginären Kaffee an imaginäre Gäste aus. Nach einer Weile sagte ihre Mutter: „Jetzt musst du aufräumen, wir wollen zu Abend essen." Das Kind antwortete – nicht aggressiv, eher nachdenklich – mit dem Satz: „Mama, du, du denkst immer nur in echt." Ein wunderbarer Satz! Mir fiel dazu ein, dass ich seit etwa fünfzig Jahren wenig „in echt" gedacht habe, sondern vielleicht in Transzendenz, in Auferstehung, vielleicht noch in Achtsamkeit. „In echt" denken hochgelehrte Theologen bei uns darüber nach, ob das Grab leer war, oder ob Jesus darin verwest ist, aber sie wissen nicht mehr, dass es außer „in echt" noch etwas mehr, etwas anderes geben muss. Bedeutet Erwachsenwerden denn immer nur dümmer, immer blinder, immer effizienzbesessener und immer weniger achtsam zu werden?! Die Krise der Religion innerhalb der reichen Welt ist auch eine Krise des Erwachsenwerdens, das sich total der nützlichen Richtigkeit unterwirft. Jesus sagt: „Wer das Reich Gottes nicht annimmt wie ein Kind, der wird nicht hineinkommen“ (Markus 10,15).

3. MÄRZ

*Ein leeres kinderzimmer**

Und ich sah ein leeres kinderzimmer
nur ein alter bär bewohnte es
und zwei püppchen schwatzten miteinander
ich fand einen halb leeren Kleiderschrank
ich brauch nicht mehr brummte der alte mann
ich nehm mir viel zeit
ich bin nicht arm
ich will nicht reich werden
ich will meine ruhe haben
nicht kaufen müssen und mich nicht verkaufen
niemanden ausstaffieren und mich lassen wie ich bin
meine hände leer machen

4. MÄRZ

Was ist Trost?

Trost und Gerechtigkeit werden in der Bibel nicht auseinandergerissen. Gott kommt nicht wie ein billiger Trost, wie ein Trostbonbon vom Himmel, Gott tröstet nicht so, dass wir irgendetwas in den Mund geschoben bekommen. Was ist denn Trost eigentlich? Als meine Kinder noch klein waren, habe ich meine dritte Tochter einmal mit einem Schokoladenhasen trösten wollen. Da sagte sie mir: „Mama, du willst mich ja nur wegtrösten!" Das habe ich nie vergessen. So entsetzt war ich über mich selber. Aber Gott will uns nicht wegtrösten, sondern uns hertrösten, sodass wir Anteil an Gottes Macht bekommen. Jesaja sagte: „Denn die Herrlichkeit des Herrn soll offenbart werden und alles Fleisch miteinander wird es sehen; denn des Herren Mund hat's geredet." Die Herrlichkeit Gottes, sein Glanz, die Fülle Gottes, - ich übersetze dieses geheimnisvolle Wort am liebsten mit „die Schönheit Gottes". Trost, getröstet werden heißt nicht, dass wir etwas, ein Ding, einen Gegenstand von Gott bekommen, sondern dass wir die Schönheit Gottes, Gottes Glanz zu Gesicht bekommen.

5. MÄRZ

Ich spiele gerade gitarre sagst du mir

Ich spiele gerade gitarre sagst du mir
sag ihr sie soll sich nicht zieren
sag ihr sie soll alles geben
sag deiner gitarre einen schönen gruß
deiner alten mutter

Sie macht mich glücklich deine gitarre
ich vergesse die blöden hastduauch warstduauch fragen
ich will gar nicht wie eine ente am ufer
hinter dir hertrappeln mein sohn
ich will gar nicht meine ängste
unverpackt dir zuschieben mein sohn
ich will gar nicht alles erfahren

Ich spiele gerade gitarre sagst du
sag ihr sie soll schön sein jedes stück holz
sag ihr sie soll stöhnen und weinen
sag ihr ich hab keine angst mehr
dass du in einen krieg gehst
oder auf einen tötungsknopf drückst
und deinen kopf werden wir noch brauchen
gegen die mörder gegen die mörder
hush little baby don´t you cry
sag ihr sing sag ihr sing heiter
you know your mother was born to die
du bist nicht so allein wie ich dachte

6. MÄRZ

Maria als Mutter

Im Mittelalter hat man Maria sinnlicher und heiterer dargestellt, beim Stillen mit entblößter und schön gespitzter Brust, beim Windeln und Tändeln mit dem Kind; auch im Schmerz, schreiend oder wie versteinert, neben dem zu Tode Gefolterten. Es gibt Bilder, die Marias Abschied von ihrem Sohn, der in die Welt zieht, darstellen. Sie weiß vielleicht genauer als er, was bevorsteht. Es gibt neben der submissiven noch ganz andere Marien; vor allem natürlich die große Mutter, die tröstet und schützt. Die katholische Tradition hat ihr die in der Bibel erwähnten übrigen Kinder genommen, aber die Bedürfnisse und Fantasien der Völker haben ihr diese Kinder zurückgegeben, sie ihr unter den Mantel geschoben.

7. MÄRZ

*Spaziergang mit martin**

...
Nachmittags im dezemberlicht
gehen wir über land
endlich bleiben die häuser zurück
einsilbig wird das reden
und der himmel weit
...

8. MÄRZ

Lateinamerika

Lateinamerika liegt mir besonders nahe, aus verschiedenen Gründen. Hier habe ich daran mitgearbeitet, die Menschenrechtsverletzungen in der Zeit der Militärdiktatur bekannt zu machen. Hier lebt eine meiner Töchter als Ärztin in Bolivien. Eines meiner Bücher („Gott im Müll") ist ihr gewidmet:

> Für Caroline in Carabuco
> die vieles tut
> von dem ich nur träumen konnte
> manches lebt
> dem ich mit Wörtern behangen nachlaufe
> einiges leidet
> vor dem ich sie gern behütet hätte
> weit fortgegangen und doch näher
> der Erinnerung an das Feuer
> die wir alle zum Leben brauchen
> Töchter und Mütter

Außerdem ist Lateinamerika ein christlicher Kontinent, der mir die Sprache meiner Tradition wieder neu geschenkt hat. Ich lese mit den Menschen dort dieselben Psalmen. Ich träume auch ihren Traum.

*Für meine drei töchter**

Bitte lasst eure zimmer nicht verkommen

Wenn eure zimmer hässlich sind
werdet ihr euch selber nicht lieb und wert halten
wenn ihr euch selber nicht ehrt
werden eure gedanken ohne spannkraft sein
wenn eure gedanken nichts anziehen
werden eure bewegungen ungenau
wenn eure bewegungen fahrig sind
wird eure haut nichts von den blumen lernen

Wenn eure haut nichts von den blumen lernt
wird euer herz wüst und leer sein
wenn euer herz gleichgültig ist
bleibt ihr unvertraut mit dem schönen
wenn ihr ohne vertrauen lebt
könnt ihr die hälfte des himmels nicht tragen
wenn ihr die hälfte des himmels nicht tragt
könnt ihr über eure alte mutter nicht lachen

Bitte lasst eure zimmer nicht verkommen

10. MÄRZ

Frauendilemma

Das Frauendilemma „Kinder und Beruf" blieb mir natürlich nicht erspart. Ich habe mich mein ganzes bewusstes Leben dagegen gewehrt, mir Schuldgefühle wegen meiner Verbindung von Beruf und den Aufgaben in der Familie machen zu lassen. Junge Frauen sollten begreifen: Diese Alternative ist keine. Für mich verstand sich von selbst: Ich wollte Kinder haben, in einer partnerschaftlichen Beziehung leben und einen Beruf ausüben.

11. MÄRZ

Mutter und tochter gehen spazieren

Das verwilderte schloss hinter gittern
der kleine eichbaum wächst im zweiten stock
wir einbrecher zischeln uns sätze zu
zwei eidechsen hast du spielen sehen
lang fällt das steinchen in die zisterne
es knarrt gefährlich unter den alten dielen
nicht weiter sagst du bleib stehen sag ich
zwei eidechsen hast du spielen sehen

12. MÄRZ

Menschenunwürdig

Für einige Jahre, solange die Kinder klein sind, kann es notwendig sein, sich auf die Arbeit in Haus und Familie zu konzentrieren. Aber keine Frau sollte sich darauf beschränken lassen, diese Arbeit immer und allein zu tun. Wenn die Lebensbeschäftigung schließlich darin besteht, in einen Fertigpudding noch ein Ei zu rühren, nur um dem Gericht eine persönliche Note zu geben, dann ist das grotesk und menschenunwürdig. Das ist keine ernsthafte Arbeit mehr. Und ernsthafte Arbeit gehört für mich zur Menschwerdung hinzu. Der komplette Verzicht auf wirkliche, anerkannte, sinnvolle Arbeit beschädigt die Frau.

13. MÄRZ

Am fenster voller gold

Es blüht der herbstbaum auf
am fenster voller gold
ich ruf meine mutter an
sie hats doch so gewollt

Sie soll noch etwas hören
das sichtbar ist und freut
ich wollte sie nicht stören
mit politik und leid

Ich kann sie nicht mehr rufen
der anschluss ist gestört
ich fürchte herbstliche bäume
sind was sich nicht gehört

Für tote die gestorben
nicht hören und nicht sehn
ich sprech noch mit ihr lange
doch will die zeit nicht stehn

Sie rennt viel schneller als ich will
und trennt mich mit gewalt
sie sagt du musst noch leben
die mutter war schon alt

Ach zeit du willst mich betrügen
ich leb doch nicht im takt
den du mir vorgibst zu lügen
von schluss und zu ende und fakt

Ich atme doch verbunden
mit jedem blatt das rollt
die mutter ist nicht verschwunden
am fenster der baum voll gold

14. MÄRZ

Gespräch mit dem Enkel

Ich möchte von einem Gespräch mit unserem Enkel erzählen: Wir kommen auf die Geschichte vom Paradies und er hat gefragt, wann das war und wie lange das dauerte und so weiter. Dann habe ich versucht, ihm zu sagen, dass wir alle im Paradies waren, wir sind alle in Adam und Eva gewesen: Du warst auch im Paradies, vorher, ehe du in deiner Mutter Bauch warst, warst du schon in diesem Garten. Ich finde, dass ein Kind so etwas versteht. Diese Art der Beheimatung ist erfahrbar. Dass wir irgendwo herkommen, nicht aus irgendeinem zufälligen Nebel, und irgendwo hingehen.

15. MÄRZ

Der engel hinter ihr

...
Das schöne an einem jungen mädchen
ist der engel hinter ihr
den sie nicht eingetauscht hat
...

16. MÄRZ

Aufwachsen in zwei Sprachen

Ich bin in der Nazizeit aufgewachsen und groß geworden mit den Bildungsmaßstäben eines Bürgertums humanistischer Prägung. Meine Eltern waren, ohne kämpfende Widerständler zu sein, doch so weit Anti-Nazis, dass sie uns in dieser Haltung aufzogen. Wir haben als Kinder ausländische Sender gehört und wussten genau, dass darauf die Todesstrafe stand. Es war ein Aufwachsen in zwei Sprachen: einer, mit der man sich draußen verständigt, und einer, die man nur zu Hause sprechen darf. Die Einübung in dieses kritische Bewusstsein gibt natürlich auch eine Unabhängigkeit des Urteils, Selbstständigkeit und Freiheit vom Opportunismus, die im besten Sinn des Wortes „bürgerlich“ sind. Das hat weitergewirkt.

17. MÄRZ

Meine mutter

...
Sie rief nach straßburg
der stadt der kindheit nach papa
diese wörter habe ich dreißig jahre nicht von ihr gehört
sie rief als hinge ihr leben davon ab
als sei es das letzte
das sie hergeben sollte
dem lang erwarteten
...

18. MÄRZ

Großmutter

Als ich zum ersten Mal Großmutter wurde, hatte ich das Gefühl, dass diese neue Rolle mir das Älterwerden sicher leichter macht. Und mir ist wieder bewusst geworden, dass ich noch etwas von dem weitergeben will, was für meine Generation wichtig war.

19. MÄRZ

*Herbst**

Voll gold hängt die buche vor meinem fenster
ich hab es meiner mutter erzählt
vor einem jahr
mit ihren zerzausten herbstbirken
hat sie mir geantwortet

Heut würd ich ihr gern sagen
wie warm das gold der buche scheint
doch dieses jahr kann ich sie nicht mehr
mit bäumen grüßen

Noch gibt es eine sprache zwischen dem andern land
und dem meiner zeit
aber sie schließt die bäume nicht ein
und meine mutter geht nicht mehr ans telefon

20. MÄRZ

Großfamilie

Eine der wichtigsten Möglichkeiten, anders und in einem besseren Einklang mit Gottes Schöpfung und Gottes Gebot zu leben, sind die vielen Versuche, in neuen Formen der Gemeinschaft, in neuen Großfamilien mit verschiedenen Generationen zusammenzuleben, Selbstversorgung und Selbsthilfe wieder zu entdecken, nicht nur Autos zu teilen, sondern auch Verantwortlichkeiten miteinander zu tragen.

21. MÄRZ

Suche nach dir

...
Ich sag nicht komm heim
gott sag ich hat ihren engeln befohlen über dir
das gebet ist eine traurige mutter
die dich begleitet ein stück

Ist den engeln verraten

wo sie dich suchen könnten
dass du nicht ohne brot wärst
nicht ohne hühnersuppe

22. MÄRZ

Ehe

Für mein Verständnis von Ehe ist die Philosophie Martin Bubers sehr wichtig gewesen. In seinem Buch „Ich und du" hat er zwei menschliche Grundbeziehungen entwickelt, die unser Leben konstituieren: die des Ich zum Du, die reine unmittelbare, die Sprache übersteigende Nähe zueinander, und die von Ich und Es, die vermittelte, welthaft agierende, schöpferische Beziehung zu den Sachen. Die Liebe kann auf die Welt und das Es verzichten, sie kennt Augenblicke der reinen, inselhaften Ich-Du-Begegnung. Aber die Ehe, so schien uns, findet gerade am Schnittpunkt von Du-Ich-Beziehung und Ich-Es-Beziehung statt: Die Welt, das heißt verantwortete und mitbestimmte Arbeit, kommt hier zum Tragen. Chancen für die Ehe scheinen uns also dort zu liegen, wo ein gemeinsames Feld zu beackern ist, auch ein noch nicht sichtbares.
Die Institution der Ehe ist mit dem Ackerbau entstanden.

23. MÄRZ

*Alle tage ehe**

Manchmal wenn wir uns umarmen
beiläufig beim kochen oder zeitunglesen
spür ich das leben in der erde versteckt

Unser haus wird immer gläserner
die hellen sommeräpfel liegen im gras
die toten robben treiben auf die urlaubsinseln zu

Manchmal wenn wir uns umarmen
beiläufig während ich tippe
schleichst du an herr störenfried

Mich festzuhalten mit der wärme deines körpers
die zeit die ich noch hier hab
die haut der erde wird schon dünn

24. MÄRZ

Gegenseitigkeit

Keine lebt allein, jede wird von anderen getragen. Es ist ja nicht so, dass ich nur gebe, denn wenn ich wirklich gebe, dann nehme ich auch. Geben und Nehmen ist eigentlich ein Vollzug, für den wir merkwürdigerweise immer zwei Wörter brauchen.

25. MÄRZ

*Schön ist die liebe**

...
Die abgetretenen schuhe
aber nun bring sie doch endlich zum schuster
sagt meine mutter mir immer
...

26. MÄRZ

Mutter oder Schwester

Wir können Mutter oder Schwester zu Gott sagen.

27. MÄRZ

Weitere gründe gott zu loben

Heute
hat meine jüngere schwester
öffentlich laut und traurig gesungen
und ich hatte noch nicht gesehen
dass sie flügel hat
...

28. MÄRZ

Geben und Nehmen

Ich kann dir nur etwas geben, wenn du es nimmst oder wenn du mir etwas gibst. Darin liegt eine ganz tiefe Gegenseitigkeit. Ich kann dir nur etwas sagen, wenn du hörst. Ich kann nur antworten auf das, wonach du mich fragst. Die Briefe von Verzweifelnden, die ich bekommen habe, von Menschen, die im Gefängnis sitzen, Flüchtlingen oder Leuten, die sich für türkische Familien einsetzen – die mich bitten, hilf uns, mach irgendetwas –, die tragen mich auch. Das sind nicht nur Lasten, sondern auch Aufgaben, die mich stärken. Ich empfinde das dann nicht nur als Forderung, sondern immer auch als Geschenk.

29. MÄRZ

Von den vorfahren lernen[*]

...
Von den vorfahren lernen
die jeden tag neu
innerweltlich
aus dem mondaufgang glück
herstellten
durch loben
aus naturvorkommnissen gesänge machten
...

30. MÄRZ

Freundschaft

Zum Glück habe ich bei meinen zahlreichen größeren Auseinandersetzungen und Krächen eigentlich auch immer gute Erfahrungen gemacht und ganz wunderbare Freunde gewonnen. Viele Menschen, die ich vorher nicht kannte, haben mir geschrieben, sich spontan auf meine Seite gestellt. Viele sind mir durch solche Anfeindungen so nahe gekommen, dass bei mir eigentlich das Bewusstsein gewachsen ist: Wir, die wir gegen Sexismus, Rassismus und Militarismus kämpfen, gehören zusammen und stellen auch eine Gruppe dar. Ich fand besonders schön, was mir eine Frau einmal auf Englisch gesagt hat. Sie legte ihren Arm um mich und sagte: „You touched me, I want to touch you."

31. MÄRZ

Aus der schule plaudern[*]

Wenn die Kinder die schule mögen
schleppen sie ihre lieblingssachen an
den seeigel und die glanzbilder
den teddybär und das winzige kätzchen

Wenn die studenten den kurs mögen
schleppen sie ihre lieblingssachen an
sie kündigen filme an und vorträge
sie erwähnen bücher und bringen artikel mit
sie schneiden aus der zeitung aus
und sagen hast du das gesehen
sie verteilen flugblätter wie vor zehn jahren

Wenn die studenten nichts bringen
außer den hausaufgaben
dann weiß ich etwas läuft falsch
und wir sind nicht so weit
dass wir das leben miteinander teilen
das reich gottes kann erst kommen
wenn wir in allen schulen des landes
werden wie die kinder

APRIL

Musik

Gerechtigkeit

Familie

Zeit

Natur

Begegnungen

Glauben

Reisen

Mystik

Sprache

Frieden

Erwartungen

1. APRIL

Erinnerung

...
Leise sprech ich die sprache der erinnerung
...

2. APRIL

Das Nun der Freude

Im reinen Nun können die verschiedenen Zeitdimensionen, in denen wir uns in Angst, Berechnung, Sorge, Erwartung bewegen, ihre bannende Kraft verlieren. Es gibt Erfahrungen, in denen wir aufhören, „Und dann?" zu fragen – eine Frage, die, so natürlich sie klingen mag, doch die Funktion hat, das Jetzt zu trivialisieren. Eine reine, erfüllte Gegenwart dagegen wurzelt uns ein in dem, was jetzt ist, und diese Art von immanenter Transzendenz lässt unser Zeitgebäude einstürzen. Statt zu „sorgen", was wir essen und trinken, wie wir uns kleiden sollen (Matthäus 6,25ff.), wie wir ein Examen bestehen oder wohin wir nach einem Abschied gehen, bleiben wir im Hier: Alle Weise wird weiselos, alle Vermittlung unmittelbar. Das Nun der Freude ist das Nun der Freude.

3. APRIL

*Drei arten zu trauern**

Die grablegung christi von grünewald
ist eine darstellung der trauerarbeit von drei menschen

die mit dem toten nicht fertig werden
er ist viel größer als sie
Johannes bettet den leichnam
magdalena schreit
maria ist versteint
...
So sind menschen mit dem tod umgegangen
arbeitend, schreiend und versteint
die wahrheit falls von interesse
ist das ganze
du wirst schreien
du wirst beerdigen
du wirst zu stein werden

Der maler der drei arten zu trauern kannte
hat auch den mond und die kahlen bäume gebeten
trauern zu helfen
der rote felsen schreit und beerdigt

In einer zeit ohne trauergesten
ohne kleider und sprache für schmerz
sah ich sein teilstück des isenheimer altars
als einübung in die trauer

Lass nichts aus ich bitte dich

4. APRIL

Ostern

Ostern feiern können eigentlich nur die, die selber auferstanden sind.

5. APRIL

Ostermorgen

...
Als ich anfing ein christ zu werden
wollte ich christus sehen
wie er mich schlägt auf dem weg nach damaskus
diesen ort stellte ich mir vor wie göttingen
das leere grab war nur ein märchen
für unaufgeklärte leute

Jetzt bin ich schon so lang dabei
ein christ zu werden
und hab wohl auch jesus gelegentlich gesehen
zuletzt als eine alte frau in nicaragua
die lesen lernt und sie leuchtete
nicht nur die augen auch das dünn gewordene haar
und die krummen füße
sie leuchtete einfach

Aber ärmer bin ich auch geworden
und laufe depressiv durch die stadt
geh auch demonstrieren als ob da mut verteilt würde
und sähe für mein leben gern
noch die andere hälfte der geschichte
das leere grab vom ostermorgen
und die leeren gräber in el salvador

6. APRIL

*Das tägliche brot der ermutigung**

Meine alte lehrerin erfindet den hoffnungsschrank
mit den guten nachrichten
die wir sammeln sollen
für die zeit des hungers

So lege ich die aktionäre der dresdner bank
unter hoffnung ab
weil sie immer nervöser werden
über ihr geld in südafrika

Und mein enkelkind das nach dem tod fragt
und sterben no me gusta erklärt
und den morgenstern
den ich vorgestern früh wiedersah
der mich an christus erinnert
...
Heute füll ich meinen schrank
gestern war ich ohne brot
mehr als das tägliche
wäre zu viel verlangt

7. APRIL

Achtsamkeit für das Jetzt

Vielleicht hat Buber mehr Mystik mit sich herumgetragen, als er wahrhaben wollte. Er kritisierte Jenseitigkeit und Weltflucht, spirituelle Ichsucht und eine Art von gnostischer Intellektualisierung der Religion. Aber gerade in der Diesseitigkeit, in der Gott in unvorhersehbarer Weise begegnet, steckt der weiselose - also nicht in einer definierbaren Weise existierende - Gott der Mystik. Gerade in der Betonung des Jetzt, des Nun, in dem Gott nichts anderes will als die reine Aufmerksamkeit für das Nun, steckt die mystische Auffassung der Zeit als Gegenwart.

8. APRIL

Ein anderer Umgang

Die Bibel weist auf einen anderen Umgang mit der Erinnerung hin. Das Elend wird gerade nicht wiederholt und in alle Ewigkeit fortgeschleppt. Die Logik des „Du sollst dich erinnern" ist gerade der Bruch mit den verinnerlichten Gewalterfahrungen. Wie kommt die Bibel dazu, die Erinnerung an die Versklavung in Ägypten derart anders zu gebrauchen? Kann Leid denn auch Mitleid wecken? Gibt es einen produktiven Umgang mit den eigenen Beschädigungen?

9. APRIL

Tausendjährig

...
Was uns tausendjährig scheint und unaufhebbar
die blutige gewalt
ist dir eine kurze nachtwache
...

10. APRIL

Gott ähnlich werden

Die jüdische Tradition lehrt, dass wir beten und das Gerechte tun sollen. Niemand soll ankommen und von Auschwitz angeblich nicht gewusst haben. Es bedeutet, nicht alles mit sich machen zu lassen, sondern Widerstand zu leisten. Es bedeutet, den Hungrigen Brot zu geben statt immer raffiniertere Waffen. Beten bedeutet, nicht zu verzweifeln. Beten ist Widerspruch gegen den Tod. Es bedeutet, sich zu sammeln, nachzudenken, Klarheit zu gewinnen, wohin wir eigentlich leben, was wir mit unserem Leben wollen; Gedächtnis zu haben und darin Gott ähnlich werden; Wünsche zu haben für uns und unsere Kinder; die Wünsche laut und leise, zusammen und allein zu äußern und darin immer mehr den Menschen ähnlich zu werden, als die wir gemeint waren.

11. APRIL

Auf einer konferenz

Mein bruder sagt sie mit stolz
die baptistische frau aus leningrad
und zeigt mir das foto
wann ist er geboren will ich wissen
und sie sagt es war vierzehn tage
nach der belagerung

Vierzehn tage sag ich nach den neunhundert
und sie lächelt
meine mutter war nicht allein
als hätte sie darum überlebt

Und ich dachte schon oft
an die neunhundert tage und nächte
der menschen in leningrad
bloß dass sie liebe machten
und kinder zeugten
in der belagerung
war mir noch nie in den sinn gekommen

Und ich starrte das foto an
ein stattlicher mann
ein leben aus dem tode
wie schön er ist seh ich plötzlich
und sie sagt amen

12. APRIL

Gott ist Gedächtnis

Wer sich nicht erinnert, wer vorgibt, es nicht gewusst zu haben, und wer es auch später nicht wirklich wissen wollte – oder von der „Gnade der späten Geburt" faselt –, hat nichts begriffen. Gott ist Gedächtnis, und darum ist Sich-Erinnern eine Annäherung an Gott, Vergessen und Verdrängen eine Art, Gott loszuwerden.

13. APRIL

Erinnerung

...
Erinnerung hör ich sagen
bricht die zeit auf und füllt uns
mit schmerz und mit stärke
ich grabe mich durch den schmerz

verronnener freundschaft
Was war da versprochen
frag ich und
haben wir etwas gehalten
...

14. APRIL

Sprache der erinnerung

Über den schmerz sprechen ist schwer
über die abwesenheit zu sprechen ist schwer
über das fehlen zu sprechen ist schwer

Die sprache ist voller erinnerung
sie stellt ständig beziehungen her
sie vergleicht die vertreibung mit dem paradies

Sie erzählt die alte geschichte
weil du dort warst wirst du wiederkommen
die sprache ist voll unausrottbarer hoffnung
...

15. APRIL

Gegenwart und Jetzt

Gnade bedeutet die Gegenwart, das Jetzt des göttlichen Geistes.
...
Märchen sprechen selten von Gott und haben mit organisierter Religion fast nichts zu tun. Sie sprechen narrativ, nicht begrifflich, vom neuen Sein, von der Gnade. Sie erzählen, wie Menschen im Licht der Gnade leben, handeln, sich auf die Suche machen.

16. APRIL

Es war einmal

Was bedeutet das „Es war einmal“ im Märchen wirklich? Ist es die immer gleiche Entfernung von der gegenwärtigen, geschichtlich geprägten Zeit? Bedeutet es die Ewigkeit von Unrecht und Unterdrückung, die so sehr vorausgesetzt wird, dass es sich gar nicht mehr lohnt, auf die historische Zeit überhaupt abzuheben? In welcher Beziehung stehen die Märchenzeit des „Es war einmal“ und die sozial-historische Zeit, an deren Kämpfen und Leiden wir beteiligt sind?
Ich kann diese Fragen hier nur stellen; sie zu beantworten ist eine Lebensaufgabe für alle.
...

17. APRIL

Erinnert euch

...
Es gibt eine wolke von zeugen
wir sehen und hören von ihnen
wir lernen von ihrer freundschaft
wir teilen ihre vision
...

18. APRIL

Fülle der Zeit

In vielen Märchen zeigt sich am Ende ein Stück von der „Fülle der Zeit“, die uns versprochen ist: Junge und Alte vertauscht, Zeit und Raum in ihrer Macht verringert,

Mensch und Tier in ein System gegenseitiger Hilfe bezogen und die alte Ungerechtigkeit nicht durch Vergessen beschwichtigt, sondern real mit ihrer Macht am Ende.

19. APRIL

Wechsel der Jahreszeiten

Die Schöpfung ist bestimmt von einem Rhythmus, einem Wechsel, den wir als Tag und Nacht, Sommer und Winter, Ebbe und Flut, Wärme und Kälte, Jugend und Alter erleben. Wenn Gott in der biblischen Erzählung am Ende schließlich alles als „sehr gut" ansieht, so sind nicht Perfektion, ewige Dauer, unveränderlicher Bestand gemeint, sondern dieser Rhythmus des Lebens.
Ich liebe ihn: Der Wechsel der Jahreszeiten ist für mich nicht eine bedauerliche Panne, etwas Vermeidbares, sondern ein Teil des – fast möchte ich ganz altmodisch sagen – des „irdischen" Lebens, das von und in diesem Wechsel lebt.

20. APRIL

Froberger

Der sprecher der klassischen radiostation
erwähnt mit verschlafener stimme
dass heute der geburtstag von froberger sei

Kein besonderes jahr
kein überragender musiker
kein spezieller anlass

Aber in einer welt ohne gedächtnis lebend
bin ich froh

mit dem sechzehnten jahrhundert verbunden zu werden
und getragen von all denen
die an diesem neunzehnten mai
etwas hören das ihnen hilft
zu hören

21. APRIL

Rhythmus

Wir benötigen eine neue Spiritualität, die den Rhythmus des Lebens kennt und akzeptiert. Wir können uns selbst unterbrechen, um diesen Rhythmus des Lebens wahrzunehmen und uns in ihn einzustimmen. Er ist vor uns da und nach uns da. „Das Große bleibt groß nicht, und klein nicht das Kleine, die Nacht hat zwölf Stunden, dann kommt schon der Tag“, so heißt es bei Bertolt Brecht. Eine solche Hoffnung kann nur überleben, wenn wir lernen, in diesen Rhythmus einzuwilligen.

22. APRIL

Millionärin der liebe[*]

Mein jüngstes kind sagt mir am telefon
dass es die zeit in der ich fort bin berechnet
in sekunden es macht genau
sucht sie die lange zahl
und bringt sie stockend hervor
es ist noch eine million
siebenhundertzweiundsiebzigtausend
fünfhundertsechsunddreißig sekunden
bis du wieder da bist mama

23. APRIL

Als Kind

Einmal in meinem Leben habe ich gestohlen: Als neunjähriges Kind habe ich der Frau im kleinen Geschäft neben der Schule meine zehn Pfennig für Bonbons nicht gegeben. Es war voll, die Großen drängelten sich vor, und ich fand mich mit Bonbons und dem Zehnerl plötzlich draußen. Abends im Bett bereute ich das und beschloss, wieder hinzugehen und der dicken Frau ihr Geld zu bringen. Ich stotterte so, dass sie mich trösten musste. Schließlich haben wir beide gelacht.

24. APRIL

Nach zehn jahren

...
Ruhelos nach zehn jahren
willst du anders leben
und während du ruhig im immer noch dunkeln fährst
und sprichst wie einer der fort muss
frage ich gott
was er wohl mit dir vorhat

Sie schweigt sie lächelt
als wir am flughafen sind
seh ich die sonne zum erstenmal
hinter uns
winters
sie lächelt sie schweigt

25. APRIL

Zeit gewinnen

Ich frage mich: Wie macht man das denn, langsamer zu leben, Zeit zu haben, leichter zu werden? Ich möchte da gern noch ein bisschen dazulernen, eine andere Beziehung zur Zeit zu gewinnen. Altwerden heißt zurzeit für mich, dass meine Ungeduld mit mir selber wächst.

26. APRIL

Keine zeit ohne deinen atem

...
Erinnere dich gott an die zeit die wir hier haben
zeit zu weinen und zeit zu lachen
zeit zu würgen und zeit zu heilen
steine zerstreuen und steine sammeln
herzen und ferne sein vom herzen
pflanzen und ausrotten
zerreißen und zusammenflicken
zeit zu leben und zeit zu sterben
und keine zeit ohne deinen atem gott
...

27. APRIL – TODESTAG VON DOROTHEE SÖLLE

Gebet nach dem neunzigsten psalm[*]

...
Gott du bist unsere heimat von generation zu generation
ehe die berge wurden und die meere

ehe unser kleiner, blauer planet
auf dem sich leben durch liebe und vereinigung ausbreitet
von dir geboren wurde nach langer schwangerschaft
warst du schon vor allem da und wartest auf uns
du lässt menschen sterben und rufst neue zum leben
kommt wieder ihr kinder von adam und eva
du lässt kulturen zugrunde gehen
wenn sie sich von dir trennen
und rufst andere ins leben
...

28. APRIL

Leben wird geschenkt

Das Leben ist nichts, was einfach da ist, sondern es wird geschenkt, und die höchste Lebendigkeit, die von Goethe als Produktivität begriffen wird, ist ebenfalls ein Geschenk, das nicht prinzipiell immer schon in unseren Händen ist.

29. APRIL

Sehnsucht nach der messianischen Zeit

Eine chassidische Geschichte hat mir geholfen, das Christentum, das auf eine Rettung der individuellen Einzelseele aus ist, zu überwinden und uns wieder auf die jüdischen Wurzeln hinzuweisen, auf die Sehnsucht nach der messianischen Zeit: „Wenn ein unerkannter Gerechter zum Himmel steigt, dann ist er so erstarrt, dass Gott ihn tausend Jahre zwischen seinen Fingern wärmen muss, bevor seine Seele sich dem Paradies öffnen kann. Und man weiß, dass mehrere von ihnen über das Unglück der Menschen auf ewig untröstlich bleiben, sodass es selbst Gott nicht gelingt, sie zu erwärmen. Dann stellt der Schöpfer, er sei gesegnet, von Zeit zu Zeit die Uhr des letzten Gerichts um eine Minute vor."

30. APRIL

Morgen kommst du ich sag es mir vor

Morgen kommst du ich sag es mir vor
morgen ich seh auf die uhr jede stunde
der tag will nicht laufen morgen sag ich mir
hundertmal vor du kommst

Wie lang ging meine kindheit
mit zwanzig wusst ich noch nicht
wo rechts und links war
und lache doch meine kinder jetzt aus
die uhr vergaß ich aufzuziehen
die kalender blieben ohne eintrag
heute war als die amsel wieder zu flöten anfing
der frühling gehörte zu irgendeinem jahr
dessen nummer ich nicht schreiben konnte
wichtig war der geruch des zweiten heus
und das lange warten im nebelregen
an der tramhaltestelle
wie lang ging meine kindheit

Mit dir hat sie wieder angefangen
und mich zurückgeholt
morgen sag ich mir hundertmal vor
du kommst

MAI

Musik

Gerechtigkeit

Familie

Zeit

Natur

Begegnungen

Glauben

Reisen

Mystik

Sprache

Frieden

Erwartungen

1. MAI – TAG DER ARBEIT

Arbeiten und lieben

Ich glaube Gott seine gute Schöpfung, wie sie gemeint war, in Gleichheit von Mann und Frau, in Verantwortung und Hegen und Bewahren des Gartens, in unserer Fähigkeit zu arbeiten und zu lieben und somit Ebenbild Gottes zu sein.

2. MAI

Die Erde bewahren

Wer für den Frieden arbeitet, muss wissen, worum es ihm dabei geht und was für eine Art Leben auf der Erde bewahrt werden soll. So wie eine Liebende den Körper des Geliebten bis ins Kleinste kennt und erinnert, so drängt es auch uns Liebhaber der Erde, ihre Geheimnisse zu ergründen und auszuloten. Eine Art neuer Weltfrömmigkeit für die Schöpfung entwickelt sich vor unseren Augen. Die Erde ist heilig. Noch vor zehn Jahren war ich mir dieser Heiligkeit nicht so schmerzlich bewusst. Erst wenn das, was wir lieben, aufs Äußerste bedroht wird, dann entdecken wir den Ursprung unserer Liebe und erfahren aufs Neue unsere wechselseitige Abhängigkeit.

3. MAI

Bäume

Die Kinder segnen, das heißt, die Bäume für sie stehen zu lassen.

4. MAI

Erinnere dich an die bäume[*]

...
Erinnere dich doch gott
an die bäume die du geschaffen hast
weißt du nicht mehr
stark und biegsam jeden in seiner art
ein halt im himmel
ein dach für die erde
ein baumhaus für die kinder
die bäume durften atmen und sich ausbreiten
sie streckten die wurzeln in den boden
sie regulierten die luftfeuchte
sie machten uns zu hause auf der welt
sie waren unsere geschwister
das volk der bäume nannte man wald
erinnerst du dich

Manche liebten die bäume mit einer liebe
viel länger als ihr eigenes leben
sie pflanzten sie sie liebten dich in den bäumen gott
sie schützten dich und sie wurden beschützt
es war eine gerechte aufteilung
menschen tranken von deiner kraft gott
du warst nicht der allmächtige konstrukteur einer großmaschine
sondern die gärtnerin die den baum des lebens gepflanzt hat

Erinnere dich doch gott
und behüte uns vor den baumfeinden die uns im müll ersticken
sie reden von freier fahrt für freie bürger
aber ihre freiheit ist mörderisch
erbarme dich über dein volk der bäume
erinnere dich und mach uns erinnern
behüte uns und mach uns zu hütern
unserer geschwister
der bäume

...

5. MAI

Klimaveränderung

Niemand vermag präzise vorauszusagen, wie viele Menschenleben eine wesentliche Klimaveränderung kosten wird. Aber schon heute wissen wir, dass in den Ballungsräumen die Gesundheit vieler durch die in der Luft enthaltenen Schadstoffe angegriffen, ja unheilbar geschädigt ist. Wir haben es gewusst, was wir mit der Luft, dem Wasser und dem Boden unserer Enkel tun. Es ist dir gesagt, Mensch, in den reichen Ländern, was gut ist. Wir können es wissen, und es gibt auch in einer an Gewissen armen Gesellschaft noch Orte und Möglichkeiten, gemeinsam nachzudenken, sich zu erinnern, in Stille und Gebet zu einer größeren Klarheit zu kommen. Sie sind uns gesagt und wir brauchen sie, diese alten Geschichten von der Bergung und der Heiligung des Lebens.

6. MAI

Die beiden lehrer*

Von meinem fenster aus seh ich zwei bäume
der eine streckt die kahlen äste hoch
er hält sich still auch nachts
er zeigt mit den armen
zum himmel

Der andere duckt sich im nadelkleid
sommer und böse zeit scheinen ihm gleich
heute sah ich die breiten äste tanzen
er spielte und gab nach
dem wind

Immer wenn ich den ersten lehrer seh
fühl ich die kälte
das leblose holz
und ich vergesse den unscheinbaren baum
über den winter
in dem wir leben

7. MAI

Trennung und Verbundenheit im Gebet

Von Baal Schem Tow wird erzählt, dass er einmal noch versunken im schweigenden Gebet stand, während alle seine Freunde das Beten bereits beendet hatten. Sie warteten lange Zeit auf ihn, verließen aber dann das Bethaus, um ihren Geschäften nachzugehen. Als sie nach Stunden zurückkehrten, stand er noch immer im Gebet. Wegen dieser „schlimmen Trennung" erzählte er ihnen ein Gleichnis von einem bunten Zugvogel von nie gesehener Schönheit, der sich im Wipfel des höchsten Baumes niederließ. Nach dem Sohar ist der Vogel ein Bild des Messias. Der König des Landes, ein Bild für Gott, befahl, den Vogel im Nest herunterzuholen, und ließ mehrere Tausend Leute unter dem Baum versammeln und sich als Leiter aufstellen; immer einer stieg auf die Schultern des anderen, bis der zuoberst Stehende ins Nest langen konnte. „Es dauerte lang, die lebende Leiter zu bilden. Die Untersten verloren die Geduld, schüttelten sich, und alles stürzte zusammen." In diesem Bild der Leiter sind alle beteiligt und können nur gemeinsam am Kommen des Messias arbeiten. Noch ist der Wille des Königs nicht erfüllt.

8. MAI

Eintragen

Der Psalm ist ein Formular, und du sollst deinen Namen eintragen und deinen Schmerz, deine Freude und dein Glück und deine Ängste und deine Erde und deine Bäume und alles, was du liebst.

9. MAI

Vergiss das wasser nicht

...
Vergiss das wasser nicht wenn du an uns denkst gott
erinnere dich an unsere schwester wasser
manche von uns wissen noch wie es war in flüssen zu schwimmen
das wasser ließ sich trinken
du wolltest uns ja nicht vergiften gott
vergiss das wasser nicht gott wenn du an uns denkst
alle quellen und alle pfützen
die tropfen und die seen
alles was sprudelt und sich kräuselt und tanzt
was reinigt erfrischt und neu macht
es spiegelt dich gott weil es sich über sich selbst freut
und in seiner freude springt und quirlt
ohne zweck und ohne begründung lobt es dich gott
sunder warumbe ohne grund

Es lebt ohne sich zu verkaufen
deswegen nannte der heilige franz das wasser keusch
das bedeutet unverkäuflich
so lernen wir vom wasser dich zu spiegeln gott
...

10. MAI

Wasser

Das weiche Wasser bricht den Stein. Gott ist nicht der Stein, mit dem Menschen steinzeitlich umgehen, die Friedensbewegung glaubt nicht mehr an diesen Gott der Steine, der Waffen und der Gewalt. Es gibt eine Umkehr vom Weg der Gewalt. Gott ist das Wasser, ohne das es kein Leben gibt, darum werden wir auch in diesem gewaltgläubigen Land eines Tages gewinnen. Das weiche Wasser bricht den Stein.

11. MAI

Nasser wald

Der nasse wald noch grün
glitzernde tropfen wirft er mir
in den nacken ins gesicht
einzelne bäume sind schon entbrannt
in liebe und goldene festlichkeit

Bäume ich achte auf euch
meine großen brüder schon erwachsen
wollt ihr mich lehren
mich schön zu machen
ehe ich alles verlier und
allein im wald zittere
ist denn der tod ein fest

12. MAI

Natur und die Sprache von Gott

Wir können naturhafte Symbole benutzen, die immerhin für sich haben, dass sie weniger autoritäre Qualität haben, dass sie also herrschaftsfreie theologische Sprache versuchen. Wenn ich sage, Gott ist Licht oder das Meer oder Brunnquell aller Güter oder lebendiger Wind, so sind das symbolische Sprachversuche, Wörter, die den autoritären Charakter vermissen lassen und es vielleicht deswegen einfacher machen. Ich glaube, dass wir von der Mystik sehr viel lernen können bei dieser Suche nach einer neuen Sprache, die unser Gottesverhältnis klarer, weniger repressiv und weniger missverständlich formuliert.

13. MAI

*Maine oder eine landschaft zu lieben**

Es genügt nicht zu lesen
was wasser und erde auf die sterne geschrieben haben
nicht das alte laub zwischen den zehen zu spüren
und die wilden kirschbäume zu finden
unvermutet blühen sie über und über
für keinen

Es genügt nicht sich zu verirren
in den großen wäldern durst haben ein paar stunden
und nicht mehr wissen wo
der verwilderte apfelgarten lag

Es genügt nicht am strand zu sitzen
die inseln fangen die wellen ab
es ist windstill und ich habe einen grauweiß gestreiften stein gefunden
ich bring ihn dir es genügt nicht

Weil es so schwer ist eine landschaft zu lieben
ohne gleich ein tourist zu werden
der alles vergessen will und sich beliebig auflösen kann
brauch ich die spuren der menschlichen mühe
die hölzernen lobster fallen gestapelt
und die roten und gelben bojenköpfe am hafen

Fang ich erst an eine landschaft zu lieben
brauch ich auch das licht von gestern nachmittag
aus glas und milch das mystische
licht des nordens
das die konturen verschwinden macht
und sanft ist eine umarmung
zwischen bruder und schwester

Ich brauche die sichtbare arbeit
und die erinnerung an die klassenkämpfe
in einem licht das nicht unseres ist

Wäre es anders
könnte ich fortgehn
und verschwinden
wo die kirschbäume blühen werden
auch nächstes jahr

14. MAI

In Gottes Pflanzung[*]

Wir können dieser fernen Stimme Hildegard von Bingen nur zuhören, wenn wir uns selber von ihr orten lassen.

Der Geist der Menschen „trinkt" die Lehre des Heiligen Geistes, er lässt sich aus der Enge des isolierten Ego ins Weite führen, aus der Dürre in die grünende Kraft.
Haben wir, hast du den Finger Gottes gespürt?
Werden wir auch mit allen Engeln singen?
Und Lob, Antwort, Verbundenheit nicht bloß aussprechen, sondern gepflanzt in Gottes Pflanzung sein?

15. MAI

Jubel über Himmel und Erde

Der mystische Jubel liegt versteckt in allen und kann nur darum ansteckend sein. Johannes vom Kreuz singt im Jubel:

Mios son los cielos
Y mia es la tierra
Mios son las gentes
Los justos son mios
Y mios los peccadores
Los angeles son mios ...

Mein sind die Himmel
Und mein ist die Erde
Mein sind die Menschen
Die Gerechten sind mein
Und mein sind die Sünder
Die Engel sind mein ...

Werden die Himmel, die Engel und die Sünder nicht schöner, wenn sie in solchem Glück besungen werden? Die mystische Freude braucht und produziert Schönheit. Es ist ein actus purus, in dem die von der Freude Überwältigten sich an der Schöpfung beteiligen. Sie sagen mit allen Seraphim und Cherubim: „Siehe da!"

16. MAI

Fliegen am abend

Wie durch einen türspalt
blinkt die sonne
beim ertrinken im wolkenwatt
die endlose fläche
aus büschen und kuhlen
dunkelt sich zu

Meine großmutter
hat sie nicht sehen können
die auslöschende sonne
über den wolken

Ich darf sie anschauen
aber es stillt nicht den alten wunsch
selber zu fliegen
bis in die sonne
die jetzt verloschen
mich morgen braucht
heller zu scheinen

17. MAI

Grünkraft

Ohne Gott, die andern und die Natur kann der Mensch nicht existieren. Hildegard von Bingens Bild vom Menschen und ihr Bild von der Welt stehen in unauflöslicher Beziehung zueinander; die Maße und Proportionen des Menschen entsprechen denen der Welt. Deshalb steht in der Vision mitten im Weltenrund die Gestalt des Menschen mit erhobenem Kopf und ausgespannten Armen.

Der Brustraum des menschlichen Körpers wird in Beziehung gesetzt zum Luftraum des Kosmos, der Bauchraum mit der Grünkraft, die die Erde fruchtbar macht.

18. MAI

Weinen lernen – tränen der schöpfung

Mutter unser dein reich komme und wenigstens
deine tränen sollen uns kommen
wie lang müssen wir weinen ehe wir umkehren
wann werden die tränen der dinge uns übers gesicht rinnen
wann werden wir eins mit deiner vergewaltigten schöpfung
wann hören wir auf herren und besitzer zu spielen
und werden kinder und geschwister
wann liegen wir zu tausenden auf der straße
und hindern die baummörder
und wann werden wir das weinen lernen
...

19. MAI

Gott als Vater und Mutter

Wir brauchen Gott in allen Gestalten, als Vater und Mutter, als Schöpfer und Ernährerin, als die, die uns lebendig erhält und die Erde erneuert.

20. MAI

*Weisheit der indianer**

Jeden tag
die erde mit den füßen berühren
am feuer sich wärmen
ins wasser fallen
und von der luft gestreichelt sein

Wissen ein tag ohne die vier
schwester wasser und bruder feuer
mutter erde und vater himmel
ist ein verrotteter tag

Ein tag im krieg
den wir gegen alles
führen

21. MAI

Die Natur ist ein Buch

Das Endliche ist durchaus fähig, das Unendliche zu fassen. Die Natur ist ein Buch, in dem wir lesen können, sie ist nicht verschlossen oder feindlich, nicht neutrales Objekt, das wir benutzen können, sondern Spiegel, in dem wir uns erkennen, Mitteilung des Lebens, das sich selbst mitteilt.

22. MAI

Nach osten fliegend

Nach osten fliegend
beschleunigen wir den sonnenuntergang
der mond eben noch riesig
im grünen dämmernd
unter sich grau blau violett
und schließlich die irdischen
golden und braun und rauchig
der mond sag ich
ist nun klein kalt und strahlend hart
...

23. MAI

Himmel und Erde

In einem alten Hymnus über Maria heißt es, sie werde „Unversöhnliches versöhnen“, weil sich in ihr Himmel und Erde neu verbinden, weil in ihr der Gottheit ein Kleid gewoben sei.

24. MAI

Zärtlich

...
Zärtlich dreht sich die erde
der kleine blaue planet
zur liebe geschaffen
auf unsere liebe wartend
...

25. MAI

Bedrohte Schöpfung

Ein Punkt einer wirklichen Theologie der Befreiung bei uns ist die Sorge um die bedrohte Schöpfung. Ich bin davon überzeugt, viele Menschen erkranken am Erkranktsein der Mutter Erde. Matthew Fox, ein großer katholischer Theologe der Gegenwart, Dominikaner in den USA, in Rom schlecht gelitten, hat gefragt: „Wer hängt eigentlich heute am Kreuz? Wer ruft eigentlich heute: Mich dürstet! Oder: Warum hast du mich verlassen? Es ist unsere Mutter, die Erde."

26. MAI

*Vor einer friedens-demonstration**

Aus nigeria hör ich
dass obwohl die wüste jedes jahr
drei bis zwanzig meilen vordringt
die bauern dort das ausgetrocknete land
pflügen
ohne hoffnung auf eine ernte

Der mir das erzählt meint
es sei um nicht aus der übung zu kommen
ein anderer wirft ein es sei
eine an stumpfsinn grenzende gewohnheit
ich erinnere mich an den mönch
in der ägyptischen wüste
dem aufgetragen wurde
einen stock so lange zu gießen

morgens und abends
jahraus jahrein
bis er grüne

Schließlich denk ich wieder
an unsere geplante demonstration für den frieden
und danke den stumpfsinnigen bauern aus nigeria
fürs pflügen

27. MAI

Kirschbaum

Die Inseln der Schönheit, die wir brauchen, sie sind Erinnerung an das wirkliche Leben mitten im falschen. Jeder blühende Kirschbaum erinnert an Gottes wunderbare, geliebte Welt.

28. MAI

Atem

Atmen ist eine Art, die Luft miteinander zu teilen, und vielleicht ist diese Gemeinsamkeit ein tiefes Symbol für die Unteilbarkeit des Lebens. Noch teilen wir die Luft miteinander, noch ist die Wasserversorgung allen gemeinsam, noch geht der Himmel über allen auf und ist nicht nur für einige da. In dieser Gemeinsamkeit des Lebens steckt auch eine Hoffnung für uns, dass wir noch einmal aus dem gegenwärtigen Zustand der Zerstörung, der Privatisierung, des Raubs herauskommen.

29. MAI

*Ich kaufe herbstblumen und stelle das haus voll**

Ich kaufe herbstblumen und stelle das haus voll
es riecht wie in einer friedhofskapelle
wenn du schon nicht da bist
so soll doch die luft
die als du fortgingst aufhörte nach etwas zu schmecken
wieder bitter sein von moder und rauch

Wär ich eine blume
die füße schön in der erde
und wüsste der winter ist sprachlos
vielleicht wäre es weniger schrecklich
ohne flügel zu sein
hilflos an einen ort verschlagen
der hundert qualitäten hat außer einer
dem geschmack der luft

30. MAI

Gottes Schöpfung glauben

Ich glaube an Gott, an die schöpferische Kraft, die dem „Nichtseienden ruft, dass es sei" (Römer 4,17), die gut ist und uns gut, das bedeutet ganz und blühend in unserer Fähigkeit, Gott zu spiegeln, will. Glauben kommt vom deutschen Wort „geloben" und hat nicht in erster Linie die rationale Bedeutung von „annehmen, für wahr halten", sondern eine existenzielle Dimension von „sich einlassen auf, sich jemandem versprechen".

31. MAI

*Mond im süden**

Die schultern schon verbrannt
lauf ich der sonne davon
nachts schwimm ich weit hinaus
unter dem fremden mond

Zu hause im kalten norden
steht er herum und wächst
nimmt ab zum erbarmen
hier liegt eine dünne schale

Langsam füllt sie sich
mit kokosmilch
vollmond leermond
die nacht weiß ein geheimnis

Im dunkeln riechen die blumen stärker
leuchtet der rote frauenrock am gartentor
in deinen armen werd ich
die südliche mondin sein
nicht der halbe vom norden

JUNI

Musik

Gerechtigkeit

Familie

Zeit

Natur

Begegnungen

Glauben

Reisen

Mystik

Sprache

Frieden

Erwartungen

1. JUNI

Einladung

...
Heute hat mir ein freund
der grässlich berühmt ist gesagt
komm uns besuchen
wir haben zeit
...

2. JUNI

Für erich wulff

...
In eurem haus stehn die türen meist offen
und bei allem talent freunde aufzutun
wo immer du auftauchst
manchmal verquere tröpfe
bist du doch nie ganz zu hause im tüchtigen leben
und siehst manchmal drein wie einer
der einem verlorenen ton nachhört
als sei in dieser begabung zur freundschaft
noch ein fremder am werk
in diesen unseren jahren des großen verhungerns

Geschenke hab ich von dir bekommen
ein land das einen vater hatte den onkel ho
die haustür der freundschaft einen fußbreit weiter aufgestoßen
und eine klebrige flasche himbeersaft
die nicht alle wird
vorläufig

3. JUNI

Zum Guten unfähig?

„Mein Gott, was waren wir unverschämt!“, erzählte der Theologe Friedrich Gogarten uns abends in der Gaststube des Rohns in Göttingen. Auf einer Tagung war über die Unfähigkeit des Menschen zum Guten gesprochen worden. Noch auf dem Bahnhof fragte einer der Teilnehmer Gogarten: „Aber warum sollten wir das nicht vermögen?“ Darauf Gogarten von der Plattform des schon anrückenden Zuges herunter: „Da brauche ich Sie doch bloß anzusehen!“

4. JUNI

*Ernesto cardenal**

Ernesto cardenal
gefragt nach seinem weg
zum dichter zum priester
und zum revolutionär
gab als erstes an
es sei
liebe zur schönheit gewesen

Diese habe ihn
zur poesie geführt
(und darüber hinaus)
sie habe ihn
zu gott geführt
(und darüber hinaus)
sie habe ihn
zum evangelium geführt
(und darüber hinaus)

sie habe ihn
zum sozialismus geführt
(und darüber hinaus)

Wie schwach muss eine liebe zur schönheit sein
die nichts als schöner wohnen will
wie gering eine liebe zur poesie
der schon im text genuggetan ist
wie klein eine liebe zu gott
die in ihm satt wird
und nicht hungriger
wie wenig lieben wir das evangelium
wenn wir es selber essen
wie ohnmächtig die sozialistische hoffnung
wenn sie angst hat
zu überschreiten was sein wird

5. JUNI

Der heilige Franz fragt nach Geschichten von Gott

In einer Legende über Franz von Assisi wird erzählt, wie er eine Quelle bittet, ihm von Gott zu erzählen. Die Quelle sprudelt auf. Dann wird das Wasser wieder ruhig und im Spiegel sieht Franziskus das Gesicht Klaras, der Frau, die er liebt. Dann sieht er, mitten im Winter, einen Mandelbaum: Bruder Mandelbaum, erzähl mir von Gott, sagt Franziskus, und der Baum fängt an, Blüten und Blätter zu treiben. Schließlich trifft er einen armen alten Mann und bittet ihn: Erzähl mir von Gott. Der Mann antwortet ihm nicht, nimmt ihn aber mit in die Stadt, in das Armenviertel. Dort verteilt er das Brot aus seinem Sack, und die Leute verteilen es weiter. Schließlich sagt der alte Mann: „Unser Brot, unser Vater." Das Brot wird nicht alle. Auch die beiden Jünger in der Emmausgeschichte erkennen Jesus am Brot, von Gott gesegnet und von den Geschwistern geteilt. Die Kulturen der Armut sind für uns schwer zu verstehen, aber das Christentum ist in ihnen verwurzelt. Gott will geteilt werden, Gott ist kein Privateigentum, wie das heruntergekommene Christentum uns weismachen will. „Gott ist das Allermitteilsamste", wie Meister Eckhart sagt.

6. JUNI

Ein liebesbrief

Für giora feidman den klezmerspieler

Einer tappt langsam den dunklen gang hinunter
den zauberstab hebt er als müsst er fragen
bin ich schon angekommen ist es zu früh
und spielt die menschen vergessen das atmen
wenn ein ton hinfiele er müsst ja
gottbehüte zerklirren

In dem ungeschriebenen brief
sag ich dem klezmer
geh nicht zurück ins dunkel

Es funkelt die klarinette im licht
und er eben noch dreitausend jahre alt
wächst und wird jünger die freunde
beschützen ihn vor dem stimmlosen könig
und den stadtneurotikern hier in hamburg

In dem ungeschriebenen brief
sag ich dem david
spiel weiter sie werfen sonst steine

Er hebt die hilflosen arme wirft küsse umher
hinter den musikanten seh ich den schatten wachsen
in schwarzer uniform
den meister aus deutschland

In dem ungeschriebenen brief
sag ich dem giora
schpilmr sie kommen sonst wieder

Zwei oder drei töne mir zu leise
fallen gelassen und fortgeweht
wem gehören sie schon

In der ungeschriebenen antwort
sagt mir der spielmann
nichts geht verloren
einer hört alle töne

7. JUNI

Oscar Romero

Einmal musste der Erzbischof an einen entfernten, schwer zugänglichen Ort. Nach vier Stunden Marsch durch einen Schlammweg kam er vollständig entkräftet an und bat um etwas zu essen. Sie gaben ihm eine kleine Tamale, ein Fleischbrötchen. Er aß es und bat um mehr. Es war aber nichts mehr da. Da bat Oscar Romero die Leute im Dorf um Verzeihung. Ich denke, dass er sich geschämt hat.

*Dom helder camara an der nevada test site**

Der alte bischof stand auf der grenzlinie
zwischen zutritt verboten und dem land der freien
und während eine nach der andern zutrat
zivil und ungehorsam
und die hüter der gesetze darauf warteten
die zweihundert festzunehmen
stand der alte würdenträger aus brasilien
und weinte

Die leute knien nieder
an dieser willkürlichen grenze
zwischen dem falschen leben
und dem frisch getesteten tod
und sangen dabei
zivil und ungehorsam

Und der kleine alte mann aus einer hungergegend
weinte als sie gefangen genommen wurden
ehe man ihnen handschellen anlegte
küsste er ihre hände
und segnete so
unter tränen und küssen
das zerbrechliche leben
zivil und ungehorsam

9. JUNI

Schirm

Mein Freund, der amerikanische Jesuit und Wehrdienstverweigerer – resister – Daniel Berrigan, benutzte einmal in einem Gespräch das Bild eines Schirmes für die Kirche. Er schützt uns vor dem kalten Regen. Manchmal öffnet er sich zu langsam und wir bleiben im Regen stehen. Oft ist er nicht sehr effektiv. Trotzdem, sagte Dan, er ist da, und ich möchte ihn nicht missen.

10. JUNI

Dorothy day

...
Dorothy day von der ich höre
dass sie tagelang weinte
wenn sie nicht weiterwusste
tagelang auf ihrem bett saß
nicht sprach nicht aß betete und weinte
für uns alle du weißt
etwas von dieser untröstlichkeit
sah ich in deinem gesicht hein
das will ich nicht missen
um keinen preis
heilige dorothy day bitt für uns alle
gegen den krieg

11. JUNI

Elisabeth und das bettelnde Kind

Eine Auferstehungsgeschichte, die von Elisabeth von Thüringen (1207-1231) überliefert ist: Sie sah ein bettelndes Kind auf der Straße und fragte es: „Wo ist deine Mutter?" Aber das Kind schüttelte nur den Kopf, es war verwaist. In der Nacht erscheint der Elisabeth Christus mit dem Gesicht des Kindes. Sie erkennt in dem geschundenen Kind das geschundene Gesicht Christi. Solche Erzählungen sind nicht moralische Ermahnungen, die unser Mitleid stärken sollen. Sie erzählen, dass Gott gefunden werden kann. Er ist antreffbar. Die Auferstehung Christi bedeutet nicht, dass Christus von uns fort, in seinen fernen und glückseligen Himmel gegangen ist. „Ich bleibe bei euch!", das ist die Nachricht.

12. JUNI

Jakobs Ziel und Abgrund

Ich suche nicht Jakob auf in der Jakobsgeschichte am Jabbok, ich bin ja schon Jakob, ich suche den anderen, der überfällt und töten will, ich suche den, der segnet. Ich möchte von Jakob etwas über Gott erfahren, aber das ist zu bescheiden ausgedrückt, was soll das überhaupt heißen, „über Gott" etwas zu erfahren, als sei Gott ein Objekt meiner Wissbegierde. Mich interessiert nicht Jakob, sondern sein Ziel, sein Abgrund. „Ich lasse dich nicht", ich will diesen Satz nicht zitieren, ich will ihn tun.

13. JUNI

Jakob böhme

Ein christ aus kuba
mestize mit grauem haar
erzählt mir die dünnen hände hebend
dass er in görlitz war in sachsen
und das haus suchte
und die leute fragte
und den fluss sah über den
dem schuster zu gehen verboten

Sie wussten nichts sagt er
und kann es nach monaten nicht fassen
sie kannten jakob böhme nicht sagt er

Ich habe selten einen
um mein volk trauern sehen

Sie kannten ihn nicht
stammelt er hilflos
sie liebten ihn nicht
sie waren nicht eins mit ihm

14. JUNI

Hildegards Frömmigkeit

Hildegard von Bingen (1089-1179) ist eine der großen Frauen des Mittelalters gewesen, die erste deutsche Naturforscherin, die erste schreibende Ärztin und Heilerin, Komponistin, Malerin, Theologin, Äbtissin eines Benediktinerinnenklosters am Rhein, geistige Führerin ihrer Zeit, die Päpsten und Kaisern Rat und Weisung erteilte und mit

Kritik nicht sparte. „Prophetissa teutonica“ hat man sie schon bei Lebzeiten genannt, eine Sybille vom Rhein.
Es ist eine renaissancehafte Fülle von sich entfaltenden Fähigkeiten und Kräften in ihr und eine große begeisterte Weltoffenheit, ja Neugier. Als sei die abendländische Leib-Seele-Trennung für diese Frau nie vollzogen worden oder habe jedenfalls nichts zerstört. Der Weg der Heiligkeit war für sie ein Weg in die innerste Mitte der Schöpfung hinein. Weltflucht, Askese und Zerknirschung – oder was immer sonst wir gern mit Heiligkeit zusammenbringen – lagen ihr völlig fern. Ihre mystische und höchst realistische Schau, ihre Musik, ihr Gebet, ihr Lob der Maria, des Heiligen Geistes und des Grün wachsen aus einer weltgesättigten Frömmigkeit.

15. JUNI

Milan Machovec

Wenn ich meine Empfindung für den tschechischen Philosophen Milan Machovec auf einen Begriff bringen will, so möchte ich sagen, dass er „fromm“ ist. Was bedeutet das Wort „fromm“ hier? Auf Englisch würde ich eher devout als pious sagen, um das Element der Hingabe, des Engagements, der Lebensfrömmigkeit zu betonen. Das Verfahren, die Schätze der Religionen überführend zu retten, war das, was Machovec philosophisch betrieb. Er bezeugte ein Wissen davon, dass das Leben nicht gemacht, sondern uns geschenkt wird.

16. JUNI

Zu gast

Eigentlich wissen wir alle
so sagte heinrich böll
dass wir hier auf der erde nicht zu hause sind
nicht ganz zu hause sind
...

17. JUNI

Autorität der Frauen

Hildegard (von Bingen) wird von ihrem ersten Biografen mit Deborah, der Richterin und Feldherrin aus der Bibel, verglichen, der einzigen Frau, der der Titel „Mutter in Israel" verliehen wurde. Die Zeit des zwölften Jahrhunderts, in der sie wirkt, ist die Blüte des Mittelalters mit all den erbitterten Auseinandersetzungen zwischen Kaiser und Papst. Die geistige Auseinandersetzung wird durch den neu aus dem Arabischen übersetzten Aristoteles bestimmt: Unter seinem Einfluss entwickeln sich aus den Kloster- und Kathedralschulen die Universitäten der Epoche. Zu der weltlichen Herrschaft, dem „Imperium", und dem geistlichen, dem „Sacerdotium", tritt das „Studium" als dritte Säule der Gesellschaft des hohen Mittelalters. Gab es in dieser Dreiheit überhaupt einen Platz für Frauen? Waren sie nicht de facto darauf angewiesen, andere Wege für sich zu finden?
Einer war, sich auf ein durch Visionen legitimiertes Prophetentum zu berufen. Das Prophetentum galt als durch mystische Visionen bestätigt, und so darf man vermuten, dass die Frauen ihre visionäre Kraft und Begabung pflegten, um gehört zu werden und sich die Autorität zu verschaffen, die sie geistig längst besaßen.

18. JUNI

*Erinnerung an audrey lorde**

Wenn ich es wage stark zu sein
meine kraft zu nutzen für meine vision
dann macht es immer weniger aus
ob ich angst habe

Ich habe angst meine schwester
die sonne wird giftig ohne schutzmantel
der atem wird knapp mehr asthma für alle
und die träume gehen in die irre

Es macht nichts aus
sagst du mir
deine angst
ist nicht das wichtigste an dir

Aber ich kann sie nicht loslassen
sie ist doch der krebs der dich gefressen hat
und meinen bruder
und meine freundinnen will er
sie hält mich besetzt
manchmal gibt sie mir ausgang
für eine weile
aber frei bin ich nicht
meine kraft zu nutzen
für unsere vision

Es wird immer weniger wichtig
ob du angst hast
sagst du mir

Ach sag ich noch einmal
es ist als hättest du
das wort ewigkeit
neu übersetzt

19. JUNI

Tradition und feministische power

Carter Heyward war in eine öffentliche Auseinandersetzung mit ihrer Institution geraten, als sie mit zehn anderen Frauen in den Siebzigerjahren zum ersten Mal in der Geschichte der anglikanischen Kirche als Priesterin geweiht wurde. Als ich sie kurz danach kennenlernte, hatte ich schon viel von ihr gehört und ihr Buch „A Priest Forever" gelesen. Ich war darüber nicht glücklich – und fragte sie in den ersten drei Minuten schon: „Warum um Gottes willen, willst du denn Priesterin werden? Sind wir das nicht alle, ob mit oder ohne Weihe? Glaubst du nicht an das allgemeine Priestertum aller Gläubigen?" Eine leidenschaftliche Debatte ging zwischen uns los.
Aus diesem Streit wuchs eine wunderbare Freundschaft. In ihrer Kirche und in wissenschaftlichen Vorträgen habe ich Carter liturgische Stücke singen hören – weil sie deutlicher machen, als Worte es können, welche Kraft, welche power in der Tradition steckt.

20. JUNI

Für petra k

Immer wenn ich dich wieder sehe
hab ich angst du könntest umzingelt werden
und nicht mehr herausfinden
aus dem krebs der deine schwester erstickt hat
und uns alle will so oder so

Immer wenn ich dich wieder sehe

setzt mein herz einen augenblick aus
schläfst du auch sag ich und meine
ob dich jemand im arm hält
isst du auch sag ich aber ich meine die bibel
und denk an die kleinen talmudschüler
wie sie das aleph gebacken verspeisen

Immer wenn ich dich wieder sehe
hab ich angst du könntest sterben
zu schnell für uns alle die dich brauchen
diese angst kenn ich nur bei menschen
von denen ich mehr erwarte
als ich jetzt sagen kann

21. JUNI

Der alte professor

Er wusste nicht mehr wozu eine zahnbürste gut ist
wie man einen schuh anzieht
selbst seinen namen kannte er nicht immer
aber es wäre ihm nie eingefallen
vor mir sagt eine freundin
aus der tür zu gehen
er hielt sie auf
...

22. JUNI

Blumen und Freundschaft

Der Präses der Rheinischen Synode hat einmal einige unmögliche Sachen über mich geäußert. Ich erinnere mich

nicht mehr an den Wortlaut, wohl aber an den großen Blumenstrauß, welchen Eberhard Bethge, den wir damals noch nicht kannten, daraufhin geschickt hat. Er hat sich sozusagen für die Synode, für diese Männer entschuldigt, weil er sich einfach schämte. Das hat später in New York zu einer Freundschaft mit den Bethges geführt.
Bethges Leidenschaft für das Leben hat ihm keine akademisch-theologische Selbstbeschränkung erlaubt. Er war zu unpfäffisch, zu musikalisch, ein Narr, der fähig war, sich zu empören.

23. JUNI

Als aus einem studenten ein freund wurde

Einen menschen sehen
das ist selten genug
unter den fünfzig die ich täglich treffe

Sehen wie im spiegel
der groß macht und rahmt
und feststellt so war das gemeint

So viel glück wie auf dem foto
hattest du nie im gesicht
aber jetzt find ich es wieder
in deinen neuen alten augen

Die geschichten zwischen menschen
gehen in sprüngen und gerade war ich
eine kleine weile
in der luft

24. JUNI

*In meines vaters hause**

Johannes 14 vers 2

In mein haus
sind immer mehr tote gezogen
nicht dass wir keinen platz hätten
aber wo ich mich umschau
lächeln sie mir dazwischen

Als ich versuchte tai-chi zu üben
sah ich meine tote lehrerin
hart arbeiten und dabei unbemerkt zaubern
und der krebs wucherte schon in ihr
und sie brauchte immer weniger
erklärungen und ermahnungen
und es war nicht nur atmen
es war schwimmen
in der gewöhnlichen luft

Und jetzt lächelt sie mir dazwischen
nicht dass wir keinen platz hätten
aber vielleicht gibt es in unsern häusern
niemals so viele wohnungen
wie uns versprochen

Begegnungen mit dem Auferstandenen

Den Auferstandenen zu erfahren ist kein Faktum, das beweisbar, fotografierbar, mit Händen zu greifen ist. Alle Erzählungen über die Auferstehung berichten gleichzeitig die Bezweiflung; noch in einem der letzten Verse des Matthäusevangeliums heißt es über die Jünger: „Einige jedoch zweifelten" (Matthäus 28,17). Sie überlegen, war es nicht der Gärtner, war es nicht ein Fremder am Ufer des Sees, war es nicht eine Verwechslung im Morgengrauen oder am schnell hereinbrechenden Abend? Alle diese Erscheinungen lassen sich so oder so lesen, alles ist offen.
Ich will damit nicht sagen, dass es keine Wahrheit gibt. Aber ich will sagen: Eine unmittelbare, eine uns überwältigende und unsere Zweifel austreibende Erfahrung von Auferstehung gibt es nicht.
Gott ist höflich, er vergewaltigt uns nicht mit seiner Klarheit, auch unsere Zweifel lässt er stehen. Vielleicht ist dieser Wunsch nach einer Unmittelbarkeit, die ich faul, träge nennen möchte, diese fundamentalistische Sucht nach Greifbarkeit und Sicherheit die große Sünde der christlichen Religion.
Auch die ersten Jüngerinnen und Jünger Jesu mussten die Szenen nach dem Tode Jesu erst lesen lernen als Begegnungen mit dem Auferstandenen, sie als solche interpretieren, um zu wissen, dass ihr Herr nicht im Grab geblieben ist und dass die Hoffnung lebt, bis auf den heutigen Tag, weil er nicht nur einmal, sondern immer noch bis auf den heutigen Tag aufersteht. Sie mussten glauben, um zu merken: Das Erste ist nicht die Erfahrung, der dann ein Glaube folgt. Es gibt keine Erfahrung, die am Leben selber abliest, was zu glauben ist. Das Leben ist rätselhaft, zweideutig, undeutlich, seine Güte, sein Sinn, seine Zärtlichkeit lässt sich hin und wieder, aber nicht immer ablesen.

26. JUNI

Erich Fried*

Erich Fried hatte am 18. November 1987 eine Reihe von Schriftstellern, vor allem jüngere, unbekannte, zu einer Lesung in Wiesbaden eingeladen. Er moderierte, führte ein, diskutierte mit. Ich las ein Gedicht vor, das „Nachts um vier" überschrieben ist und mit den Worten „Komm doch zu mir, Engel der Schlaflosen" anfängt. Es endet mit den Zeilen:

> Engel der Schlafenden ich ruf dich seit Stunden
> leg deine dunkle Decke über meine verwachten Augen
> komm doch zu mir
> Und grüß den anderen Engel
> deinen dunkleren Bruder.

Es entstand eine Pause, weil die Leute, wie ich vermute, den Schluss nicht verstanden hatten – außer Erich Fried, der spontan und kräftig klatschte. Einen Augenblick lang waren wir beide ziemlich allein unter den Gästen mit dem anderen Engel.

27. JUNI

Wiedersehen

In diesem haus so dacht ich mir
als ich die freundin wiedersah
nun zweiundneunzig jahre alt
wohnt der tod

Für erich fried im september 83

T sagte mir du könntest bald nicht mehr gehen
ich kann das nicht glauben

Als ich dich zum erstenmal traf
auf dem winterfeldtplatz in berlin
als der herr haig die stadt heimsuchte
sprachen wir von seiner sauberkeit
alles ganz clean weißt du noch
diese art tod geht auf zwei beinen

Ich möchte dich wiedersehen dacht ich
in einem londoner park
wir würden eine bank in der sonne suchen
und uns erzählen wies war in wien und in köln
als wir die klugen kinder waren weißt du noch
wir würden viel lachen hab ich mir vorgestellt
nur dass die beine nicht mitlachen
will mir nicht in den kopf

Wie kommen wir dann in den park
und von den uns heimsuchenden herren frei
wenn du nicht mehr humpeln kannst
da brauchen wir noch viel mehr freunde
da werden wir kluge traurige kinder sein
und über die zweibeiner lachen
und du wirst sehen es geht

29. JUNI

Erinnerungen an Heinrich Böll

Vor ein paar Tagen fragte mich eine Freundin „Was fehlt dir denn?“, als sie sah, wie traurig ich war. Ich will versuchen zu sagen, was mir fehlt, weil Heinrich Böll gestorben ist. Mir fehlt jemand, bei dem ich mich verstecken kann; der mir zuhört und „das darfst du dir nicht gefallen lassen“ sagt; der Geschichten so erzählt, dass ich die Geräusche höre und die Gerüche rieche, der schweigen kann und mich nicht wegschickt; der den Krieg so gründlich hasst, wie es sonst nur Frauen tun; der ihn wittert auch in der unscheinbarsten Verleugnung oder Beschönigung der Vergangenheit, auch in der harmlosesten bürokratischen Vorbereitung; jemand, der zwei in diesem Land sehr naheliegende Dinge nicht getan hat: desertieren und emigrieren. Jemand, der blieb, ohne zu Hause zu sein, nicht in diesem Land und nicht auf dieser Erde. Mir fehlt einer, ohne den es kälter ist.

Wenn ein Freund stirbt, ein älterer Bruder, dann ist es erst wie bei einer Amputation: Etwas fehlt. Obwohl wir es doch, als es noch da war, keineswegs immer wahrgenommen haben, ist das Loch plötzlich die ganze Zeit gegenwärtig. Jetzt, so erzählen die Amputierten, tut es da weh, wo nichts mehr ist. Nach der Amputation habe ich das Bedürfnis, mich zu erinnern, die Bilder aufsteigen zu lassen, „weißt du noch“ zu den Freunden zu sagen, Dinge hervorzukramen, wie das bunt bemalte Holztöpfchen mit russischer Erde, das Hein Böll unserer Tochter Mirjam zur Taufe schenkte, halb verlegen „die sind ja verrückt, die Russen mit ihrer Erde“ und doch gewiss, dass ein Kind Erde braucht. Nach dem Erinnern taucht noch ein anderes Moment in meiner Trauer-Arbeit auf: das Wissen, jetzt älter zu sein, weil mich niemand mehr beschützt. Unversehens gerate ich in die Rolle, andere zu beschützen, und vielleicht ist das eine Annäherung an den Tod, eine Art, traurig zu lächeln wie Heinrich Böll, die ich gern noch gelernt hätte.

30. JUNI

Sieben paradoxe für beverly

Du bist jünger als ich
aber als mir neulich einer besonders blöd kam
sagte ich warte nur ich hol meine große schwester

Du hast keine kinder
aber deine wohnung sagt ganz vergnügt
kinder erwünscht kommt alle her

Einmal hab ich dich weinen sehen
aus zorn über eine ungerechtigkeit
aber du warst stärker als die starken

Du denkst über die abtreibung nach
aber ich habe noch nie einen lehrer gesehen
der so wenig leben abtreibt

Manchmal bist du so in arbeit vergraben
dass ich dein gesicht nicht sehe
aber ich habe etwas gelernt
es ist wie der mond er kommt wieder

Einmal hab ich dich weinen sehen
vor glück dazu gibt es kein paradox
einmal hab ich dich weinen sehen
und war glücklich

Manchmal bin ich traurig
weil ich eine dünne wand zwischen uns spüre
aber sie hat türen

JULI

Musik

Gerechtigkeit

Familie

Zeit

Natur

Begegnungen

Glauben

Reisen

Mystik

Sprache

Frieden

Erwartungen

1. JULI

Reich gottes

…
Was erwarten wir denn
das reich gottes kann doch nur kommen
wenn es schon da ist

2. JULI

Weil wir das Leben brauchen

Wir brauchen die Tradition, die unseren Vätern und Müttern geholfen hat, und die uns überlieferte Sprache, die uns das Träumen und Hoffen, das Wünschen und Beten und auch das Klagen und Anklagen gelehrt hat. Und unsere subjektive Erfahrung allein kann niemals eine Sprache rechtfertigen, die aufs Ganze geht und die Einheit des Lebens behauptet, trotz aller unübersehbaren Zersplitterung. Die Tradition des Glaubens bietet uns an, nicht nur „in echt" zu denken. Glauben heißt, sich – auch gegen die eigenen Erfahrungen und über sie hinaus – in die Versprechungen des Lebens für alle zu stürzen. Nicht weil wir es erfahren haben, schreien wir, dass die Toten leben sollen, sondern weil wir und alle anderen Toten das Leben brauchen, greifen wir zu den Versprechen, die uns in der fremden Sprache gemacht sind. Wir können nicht wirklich leben, wenn wir „nur in echt" denken.
Der Weg zum Glauben ist uns nicht durch die Tradition abgenommen. Es bleibt unsere Aufgabe zwischen Zweifel und Hoffnung, zwischen „nichts gesehen haben" und dem schönen Satz „da gingen ihnen die Augen auf".

3. JULI

Gott glauben

...
Nachdenkend finde ich man kann
ihn nicht allein
für seine vermutung
einstehen lassen
also glaube ich ihm
gott

Wie man einem das lachen glaubt
das weinen
oder das heiraten das neinsagen
so wirst du lernen
ihm das allen versprochene leben
zu glauben

4. JULI

Aufstehen

An die Auferstehung Christi zu glauben, heißt heute, gegen die Schändung des Lebens mit ihm aufzustehen. Er war nicht umzubringen, und er ist nicht umzubringen. Die Güte lässt sich nicht einfach verscharren. Wir leben in einer Welt, in der an vielen Stellen neue Formen der Sklaverei entstehen, unsere Textilien werden von Textilsklavinnen fabriziert, immer jüngere Mädchen müssen sich für den Sextourismus prostituieren, um der Familie das Überleben zu ermöglichen. Wird es uns gelingen, den großen produktiven Begriff der „Achtsamkeit" und ihre Praxis zu verbinden mit dem aus abrahamitischen Religionen stammenden Grundbegriff der Gerechtigkeit?

5. JULI

Spirituell-politische Ziele

Die Christenheit hat ihre spirituell-politischen Ziele unter drei große Begriffe der Tradition gestellt: Gerechtigkeit, also eine andere Weltwirtschaftsordnung als die der Sieger, Frieden, also eine andere Art der Konfliktlösung als die uns ins Haus stehende neue Form der Weltraumaufrüstung, und die Bewahrung der Schöpfung, zu der nach meinem Verständnis die Achtsamkeit die wichtigste spirituelle Voraussetzung ist. Der Auferstandene und der Aufstehende ist mit dabei. Jesus und Buddha werden Brüder sein, wenn wir Geschwister werden.

6. JULI

*Credo für die erde**

Ich glaube an gottes gute schöpfung die erde
sie ist heilig
gestern heute und morgen

Taste sie nicht an
sie gehört nicht dir
und keinem konzern
wir besitzen sie nicht wie ein ding
das man kauft benutzt und wegwirft
sie gehört einem anderen

Was könnten wir von gott wissen
ohne sie unsere mutter
wie könnten wir von gott reden
ohne die blumen die gott loben
ohne den wind und das wasser

die im rauschen von ihm erzählen
wie könnten wir gott lieben
ohne von unserer mutter
das hüten zu lernen und das bewahren

Ich glaube an gottes gute schöpfung die erde
sie ist für alle da nicht nur für die reichen
sie ist heilig
jedes einzelne blatt
das meer und das land
das licht und die finsternis
das geborenwerden und das sterben
alle singen das lied der erde

Lasst uns nicht einen tag leben
und sie vergessen
wir wollen ihren rhythmus bewahren
und ihr glück leuchten lassen
sie beschützen vor habsucht und herrschsucht
weil sie heilig ist
können wir suchtfrei werden
weil sie heilig ist
lernen wir das heilen

Ich glaube an gottes gute schöpfung die erde
sie ist heilig
gestern heute und morgen

7. JULI

Ein Stückchen Brot Gottes

Der Schmerz der Geburt ermutigt uns und vergewissert uns des Lebens. Wie ein Stückchen Brot uns Gottes gewiss machen kann, so ist dieser Schmerz, wie konnte uns das je entfallen, ein Sakrament, Zeichen der Gegenwart Gottes.

8. JULI

Breathe on me breath of god

Nach edwin hatch 1886

Atem gottes hauch mich an
füll du mich wieder mit leben
dass ich was du liebst lieben kann
und rette was du gegeben

Atem gottes weh mich an
bis mein herz dir offen
bis ich was du willst wollen kann
im handeln und im hoffen

Atem gottes blas mich an
bis ich ganz dein werde
bis dein feuer in mir brennt
auf der dunklen erde

Atem des lebens atme in mir
lehr mich die luft zu teilen
wie das wasser wie das brot
komm die erde zu heilen

9. JULI

Väterliche Liebe

In unserer Tradition ist oft formuliert worden, wie sehr Gott uns liebt, väterlich umsorgt, behütet und bewahrt. Aber wirkliche Liebe ist immer etwas Gegenseitiges. Wenn wir nicht lernen, unsere Liebe zu Gott auszudrücken und zu leben, dann verblasst auch der Vater da droben.

10. JULI

Ich bete für dich[*]

Ich bete für dich
hab ich im schrecken versprochen

Aber wenn ich
in der wahrheit die ich erkennen kann
für die zukunft die ich herbeirufe
in der aufmerksamkeit deren ich fähig bin
und die zu mir kommt aus der stille
wenn ich in wahrheit und stille
mehr bei dir bin
als du jetzt bei dir bist

Bete ich gegen dich

11. JULI

Compassio und Auferstehung

Freiwilligkeit ist ein Merkmal mystischen Leidens. Compassio bedeutet zunächst Mitleiden mit dem gekreuzigten Christus; der heute so heftig umstrittene Kult des Kreuzes, mit der Anwesenheit seiner Bilder in Kirchen und Schulen, Wegkreuzungen und Berggipfeln diente einer Erziehung zum Mitleiden. Nach christlichem Verständnis hängt Christus weiterhin am Kreuz bis zum Ende der Welt, wie Blaise Pascal sich ausdrückt, nämlich in den Opfern der Ungerechtigkeit, von denen jeder und jede als Geschwister Christi anzusehen sind (vgl. Matthäus 25,31-46). Ohne compassio in diesem umfassenden Sinn ist eine Verwandlung des Leidens nicht möglich. Auch heute hängt die Mehrheit der Menschen am Kreuz des Imperiums, und in einem weitergehenden mystischen Verständnis des Leidens hängt auch unsere Mutter Erde mit ihren Arten und Elementen am Kreuz des Industrialismus. Ohne compassio keine Auferstehung. Eine mystische, absichtsfreie Bejahung der Liebe schließt die Annahme des Leidens ein. Es ist, wie Mechthild von Magdeburg sagt, der „Hammer der Minne, der uns ans Kreuz nagelt".

12. JULI

*Der heilige augustinus letzte woche**

Theologie –
aber was umhimmelswillen
macht ihr denn da?

Der heilige augustinus letzte woche
erklärt die erbsünde als eine korrumpierung des willens
die ignoranz und schwäche mit sich bringt
seit über 90 tagen streiken die bergarbeiter
dank unserer medien
sind uns die gründe unbekannt
dank unserer erziehung
wissen wir nicht was tun

Streikende farmer haben diese woche
ihre wagen vollgeladen
ein zug von zwei kilometern und
fleisch aus texas
mehl aus kansas
käse aus wisconsin
zu den bergarbeitern gebracht
„wir wollen sie wissen lassen
dass wir hinter ihnen stehen"

Auf der titelseite der zeitung ist ein foto
lebensmittelpakete von farmern zu bergarbeitern
es ist nicht möglich zu unterscheiden
ob die geber schwarz und die nehmer weiß sind
oder umgekehrt

Die gute botschaft von heute
handelt von fünftausend leuten
die hunger hatten und satt wurden
von zwei fischen und fünf broten

Ohne uns mit der mathematik der sache
länger aufzuhalten
lesen wir zeitung und bibel
um endlich
unsere erziehung zu überwinden

13. JULI

Theologie der Befreiung

Die Theologie der Befreiung lehrte mich, die Bibel nicht nur als einen Ruf zu verstehen, Gottes Willen in einer Welt der Ungerechtigkeit zu tun, sondern sogar als der Ruf, auch Diskriminierung, Schwierigkeiten und – jedenfalls an vielen Stellen der Dritten Welt – das Martyrium in Kauf zu nehmen. „Wer sein Leben behalten will, der wird es verlieren“, heißt, das Risiko des Widerstands bewusst einzugehen.

14. JULI

Warum wir beten

…
Weil es uns um die brüder geht
            darum sagen wir manchmal
            VATER UNSER
weil unsere aufgabe unendlich ist
und unsere sehnsucht nicht kleiner wird im lauf des lebens
weil christus nicht der trank für uns ist
sondern der der unsern durst verstärkt
…
weil wir glauben brauchen für das reich
das wir sind und bauen
und ermutigung für unsere arbeit
dass wir nicht umsonst entwerfen
            darum sagen wir manchmal
            DEIN IST DAS REICH UND DIE KRAFT
            UND DIE HERRLICHKEIT
und setzen darauf dass gott sei
IN EWIGKEIT für uns

15. JULI

Beten lernen

Wenn wir beten lernen, einfach, mit Gott sprechen, dann kommen wir vielleicht diesem Ringen von Jakob etwas näher. Es ist ein Du da, es hört jemand zu. Ich kann das nicht begründen, ich glaube es. Ich glaube es aus meinem eigenen Leben, aus der Erfahrung der Kirche, aus der Tradition und auch dann, wenn ich denke, ich bin vollkommen allein, dann erinnere ich mich daran, dass jemand zuhört. Schon das ist ein Segen. Schon, wenn wir nur jammern oder klagen oder schreien, auch das hört Gott.

16. JULI

Gott hört zu

Gott hört zu. Wir halten an Gott fest im Gebet. Wir halten unsere Menschenwürde fest im Gebet. Wir halten daran fest, dass wir Gottes geliebte Kinder sind. „Ich lasse dich nicht, du segnest mich denn." Viele lassen Gott ohne Segen gehen. Sie geben auf. Ich halte das für eine moderne Art von Feigheit, den Kampf nicht zu leben, sich selbst vorher aufzugeben und Gott nicht festzuhalten. Wir brauchen Gottes Segen.

17. JULI

*Ein klagegebet**

Gott unser bruder
du hast die traurigkeit gekannt
du hast angst gehabt wie jede von uns
sogar deine freunde haben dir angst gemacht
sogar deine familie und dein land
das besetzt war wie unsres
hat dir angst gemacht
und deine kirchen haben dir keinen schutz geboten
gott du geist des mutes
gib dass wir unsere traurigkeit leben
ohne aufzuhören dich zu lieben
gib dass wir mitten in babylon
die brunnen des lebendigen wassers suchen
und lass uns alle nicht verdursten
im ungerechten land
nach gerechtigkeit

18. JULI

Getragen

Ich fühle mich oft getragen vom Gewebe des Lebens, von den vielen Fäden, die gerade zwischen Frauen, aber auch zwischen Männern und Frauen gespannt sind. Obwohl ich mich manchmal elend verloren in Westdeutschland gefühlt habe, empfand ich doch immer ein Zuhausesein unter denen, die an diesem Zusammenweben beteiligt sind.
Auch Gott, so eine zentrale Aussage feministischer Theologie, ist nicht ein absoluter Souverän, der unabhängig von uns schaltet und waltet. Auch der Schöpfer des Himmels und der Erde braucht uns, ist auf uns angewiesen, wie jede Gestalt des Lebens es ist.

19. JULI

Eines andern tages*

Wir fragen dich oft
warum gerade ich warum gerade mir
wo steckst du bloß gott
der es gut mit uns meinen soll
bist du beschäftigt
warum kümmerst du dich nicht

Du fragst uns immer
hast du mich nicht gesehen
hast du mich nicht gehört als ich schrie
warst du beschäftigt
warum kümmerst du dich nicht um mich

Eines tages hören wir auf zu fragen
wir werden bitter und zynisch

gott hat mir nicht geholfen
alles kommt wie es kommt
wir kleinen leute
wir sind ohne macht

Du fragst uns weiter
hast du mich nicht gesehen
hast du mich nicht gehört als ich schrie
nimm mich doch an wie ich bin
das mit der macht wird sich schon finden

Eines andern tages
werden wir dich hören
starren nicht mehr nach oben
warten nicht auf zauberer
nehmen dich an christus
wie du bist
öffnen die tür
an die du lang gepocht hast
und lassen dich herein ausländer
dich aidskranken
dich alte nutzlose frau

20. JULI

Bilder von der Gnade

Ich fürchte oft, dass wir in der Theologie Antworten auf Fragen geben, die so gar nicht gestellt sind. Vielleicht ist die Aufgabe viel eher, zu den Bildern der Tradition neue, eigene, mit der eigenen Erfahrung vermittelte zu stellen.

21. JULI

Warum sagen sie nichts über gott frau sölle

Es ist doch die liebe zu gott
sie macht die zunge trocken
wenn sie im fernsehen lügen lassen
um ungestörter zu morden

Es ist doch die freude an gott
sie macht mir die augen nass
an einer kleinen folge von tönen
sing ich mit ohne wort wie kinder

Es ist doch die rose in gott
sie hat schon zuvor geblüht
ich sah sie auf sörens grab in kopenhagen
ich werde sie sehen
eine rose im winter

22. JULI

Verbundenheit

Es gibt manche Theologen, die kommen mir so vor, als stellen sie sich Gott wie eine unzerstörbare Großmaschine vor. Sie funktioniert angeblich auch nach einem Atomkrieg und der Zerstörung der Schöpfung weiter. In solchen Gottesfantasien sehe ich zwar die Macht, Größe, Unabhängigkeit Gottes geradezu perfekt ausgedrückt, nur kann ich diesem Denken keinen Hinweis auf Gottes Schmerz, auf Gottes Verbundenheit entdecken und finde es darum schwierig, innerhalb eines solchen Denkens an Gottes Liebe zu glauben. Der total transzendente Gott ist uns nicht durch Schmerz verbunden und die Unterscheidung des Paulus zwischen der Traurigkeit der Welt und der gottgemäßen Traurigkeit (lypä kata theon) verliert dann ihren Sinn, wenn in Gott keine Traurigkeit wohnt.

23. JULI

Teilnehmen und wahrnehmen

Im Kontext der paulinischen Briefe bedeutet Betrübnis meist das, was dem Apostel als Verkünder der Befreiung an Widrigkeiten widerfährt: Behördenschikanen, Gefängnis, Lebensbedrohung, Folter, Tod. Paulus bemisst die beiden Arten von Trauer in der Welt und die Gottes daran, was sie bewirken. Die göttliche Trauer entsteht aus dem Schmerz Gottes über eine barbarische, vom Unrecht und der Zerstörung des Lebens erfüllte Welt. An diesem Schmerz Gottes teilzunehmen heißt, die Trauer Gottes wahrzunehmen. „Ihr habt ihren Sinn begriffen. Welchen Eifer hat sie in euch geweckt! Ihr habt euch zur Wehr gesetzt! Ihr wart empört und erschrocken, ihr habt euch nach einer Änderung gesehnt, ihr habt sie erzwungen und habt die Schuldigen zur Rechenschaft gezogen" (2. Korinther 7,11 nach J. Zink).

24. JULI

Leicht werden

...
Dass schwierige dinge
wirklich leicht werden
der glaube gibt mir kraft
schreibt mir der junge auf einem schmierzettel
Selbst erlebt krakelt er dazu

Und auf der andern seite
des zerknüllten papiers
steht eine aufforderung über den kriegsdienst
nachzudenken
...

25. JULI

Evangelium

...
Das evangelium hat mich weinen gelehrt
es hat mir angst gemacht vor den angstlosen
es hat mich angesprochen unter den sprachlosen
es hat mich durstig gemacht unter den gelangweilten

Das ist ein relativer fortschritt

26. JULI

Gott befreit

Paulus wollte [in 2. Korinther 10,5] weder Wissen noch Vernunft verdammen. Er wollte ihnen die Alleinherrschaft nehmen, er wollte unsere Wünsche an das Leben für alle wachhalten. Der Weg ins Gefängnis, von dem unser Text spricht, ist zugleich der Weg in die Freiheit, die sich nicht mit Haben, Verfügen und Besitzen begnügt. Wir brauchen eine größere Freiheit, die Gott uns versprochen hat.
Gott befreit uns von dem Zwang, alles zu machen und Gott zu spielen. Wir können mit Gott eins werden, wie alle MystikerInnen gewusst haben. Wann immer wir mit seinem Willen des Lebens aller seiner Geschöpfe übereinstimmen, wo immer wir wissen, dass unsere Kraft der Erkenntnis auf ein anderes Leben aus ist, da verlässt die Wissenschaft das Gefängnis, in dem sie zurzeit lebt, und wird eine Angestellte der Liebe.

27. JULI

Glück

...
Weisheit gottes zeig uns das glück derer
die lust haben an deinem gesetz
und über deiner weisung murmeln tags und nachts
sie sind wie ein baum
gepflanzt am frischen wasser
der frucht bringt zu seiner zeit

28. JULI

Ja-Sagen und Nein-Sagen

Wo heute Frauen ihre eigene religiöse Stimme finden und neue Liturgien gestalten, da erscheinen die Mütter des Glaubens neben den Erzvätern. Der Gott Abrahams, Isaaks und Jakobs ist auch der Gott Saras, Rebekkas und Rachels. Auch diese Frauen sind eigenständige Personen mit einer Lebensgeschichte, die zugleich eine Geschichte der Gottesbeziehung ist. Ja-Sagen und Nein-Sagen, im Vertrauen auf die Kraft des Lebens handeln und im bitteren Lachen die Hoffnung als Illusion zurückweisen, Schweigen und Dulden, aber auch Reden und Handeln sind Daten der Geschichte Gottes mit Frauen.

29. JULI

Warum ich gott so selten lobe

Warum ich gott so selten lobe
fragen die freunde mich immer wieder
verdammt bin ichs denn
war der bund nicht zweiseitig
dass er etwas lobenswertes tut oder vorbeischickt
und ich etwas zum loben entdecke

Ein fabelhafter kontrakt
er schickt nichts ich sehe nichts
er war schon immer stumm ich schon immer blind
das ist die melodie dieser welt

Montag war er stumm
also war ich blind

am abend torkelte eine wolke vorbei
mit goldenem rand
aber ich schickte sie weg
den kopfhörer auf
für die melodie dieser welt

Dann rief wieder einer dieser lästigen freunde an
warum ich denn so selten
er benutzte rund zwölf sprachen für das wort gott
darunter das psychoanalytische das chinesische
die frauensprache das kybernetische
und die rastaferai musik
ich hängte ein

Außerdem hätte ich nichts gegen gott
wenn er sich an seine versprechen hielte

30. JULI

Vorsatz

...
Jetzt habe ich mir vorgenommen
jeden tag drei sachen zum loben zu finden
...

31. JULI

Märchentagung[*]

Als ich die zärtlichkeit gottes erzählen wollte
musst ich die ältesten märchen bemühen
von der nachtigall die so singt dass alle von sinnen kamen
nicht hier nicht hier

Als ich die zärtlichkeit gottes mitteilen wollte
hab ich zugehört hab ich geschwiegen
hab ich leiser gesprochen
nicht hier nicht hier

Als ich die zärtlichkeit gottes austeilen ging
sah ich den unglauben auf zwei gesichtern
eines mannes und eines mädchens
ganz langsam schmelzen
ob du es glaubst oder nicht
das war hier das war hier

AUGUST

Musik

Gerechtigkeit

Familie

Zeit

Natur

Begegnungen

Glauben

Reisen

Mystik

Sprache

Frieden

Erwartungen

1. AUGUST

Über gott

...

Ich reise herum über gott zu reden

...

2. AUGUST

Aus einem fernen Land

Die märchenhaft reiche Königin von Saba kommt aus einem fernen Land. Saba liegt im südwestlichen Arabien, mit der Hauptstadt Marjab, heute Marib. Ruinen und Inschriften bezeugen, dass sich hier in alter Zeit, möglicherweise schon um 1500 v. Chr. Gemeinwesen mit einer blühenden Kultur befanden.

Die Beherrscherin dieses als paradiesisch beschriebenen Landes macht sich auf die weite Reise, die nach der Sage sieben oder zumindest drei Jahre dauern soll, nicht eingeladen oder unter Drohungen herbeigezwungen, wie ebenfalls die Legende wissen will, sondern nach dem biblischen Bericht aus freien Stücken. Wissbegierde und Interesse mögen sie zu dieser Art Intelligenztourismus verlockt haben.

3. AUGUST

Märchenreise

Das letzte Stadium der Reise im Märchen ist die Rückkehr in die Welt. Gnade erleuchtet Menschen so, dass die Kleinen groß werden, die Dummen sich klug verhalten und die Schwachen stark werden.

4. AUGUST

Maria liest

Vielleicht hat Maria auch bei ihrer Mutter Lesen gelernt. Im Nordosten Brasiliens wird das Mädchen Maria dargestellt, wie sie von der heiligen Anna, ihrer Mutter, in den „Schriften“ unterrichtet wird. Es gibt im Volk eine feministische Tradition der Glaubensweitergabe von Frau zu Frau, und sie wird heute von den kirchlichen Basisgemeinden reaktiviert, in denen Frauen häufig Gemeindeleiterinnen sind. In der gesamten Wirkungsgeschichte existiert eine Tradition der lesekundigen, belesenen, andere belehrenden Muttergottes. Manche Darstellungen erzählen, dass Maria sogar auf der Flucht nach Ägypten ruhig lesend auf dem Esel sitzt, während Josef den kleinen Jesus hält. Im späten Mittelalter schenkt die gelehrte Maria armen Mägden einen Psalter – und befördert so die Frauenbildung!

5. AUGUST

Ich kaufe blumen und reise doch morgen fort

Ich kaufe blumen und reise doch morgen fort in die montenegrinischen berge dahlien kann ich nicht mitnehmen ob es sich lohnt frag ich mich ob ich sie ausnutzen werde

6. AUGUST

Kollektive Scham

Die kollektive Scham habe ich verstanden, als ich nach dem Krieg zum ersten Mal in das Gastland Anne Franks kam, nach Holland. Ich traf dort auf Menschen, die nicht mit mir Deutschen sprechen wollten. Eine Passantin drehte sich um, als ich sie auf Deutsch nach dem Weg fragte. Sie konnte sehen, dass ich zu jung war, um eine aktive Rolle in einer Nazi-Organisation gespielt zu haben, aber das war für sie unwesentlich. Die Scham war in mir, und die Beschämung von außen kam hinzu.
Ich habe fast zehn Jahre meines jungen Erwachsenseins mit der Frage meiner Generation zugebracht: Wie konnte das geschehen?

7. AUGUST

*Wiedereinwurzelung**

Beim nachhausekommen
las ich die nachrichten
aus dem vaterland
in der muttersprache
...

8. AUGUST

Nachricht der koreanischen Frauen

Die koreanische Theologin Chung Hyun Kyung hat bei ihrem Vortrag in Canberra erzählt, was ihr koreanische christliche Frauen als Nachricht an die Vollversammlung des Ökumenischen Rates mitgegeben hatten. „Richte ihnen aus, dass sie nicht zu viel Energie darauf verwenden sollen, den Geist anzurufen, denn die Geistin ist schon hier bei uns. Stört sie nicht ..., sie wirkt schon stark unter uns. Das einzige Problem ist, dass wir nicht Augen haben, sie zu sehen, und Ohren, sie zu hören, weil wir mit unserer Gier beschäftigt sind. Sag ihnen also, sie sollen Buße tun."

9. AUGUST

*Krank an der kirche**

Ich fahr mit dem fahrrad durchs polderland
in deiner stille
schreibt mir ein pfarrer aus holland

Werden die kinder auch rad fahren
und gebete schreiben
aus deiner stille

Hinter vielen pfarrern seh ich den tod warten
tod einer kirche
an der sie kranken

Manche hör ich beten
um deine stille
von der wir leben
ohne andere heimat

10. AUGUST

Iona

Eine christliche Kommunität in Schottland hat als ihr Wahrzeichen, ihr Logo, die Wildgans gewählt. Sie ist das keltische Symbol für den Heiligen Geist, und die Iona-Leute erklären dazu: „Immer unterwegs, niemals gezähmt, in einer Ordnung zusammen fliegend wegen der besseren Geschwindigkeit, anstößig für die festen Siedler, aber eine Inspiration für unruhige Geister." Ich halte fest: Sie lässt sich nicht zähmen, diese Wildgans, sie taucht an vielen Orten in mancherlei Gestalten auf, sie ist ein Ärgernis und eine Inspiration. Wohin fliegt sie?

Der Wind, der Atem, das Sausen, der Sturm, der Orkan und der Sturmvogel, die Taube, die Geburt aus dem Geist – das sind Bilder der Bibel für den Geist Gottes. Die Iona-Leute fügen ihrem Nachdenken über die Wildgans hinzu: „Das ist der Weg, so wollen wir sein, und wir glauben, die ganze Kirche ist dazu gerufen, so zu sein."

11. AUGUST

*Sankt gallen**

Der heilige gallus aus irland
kam mit seinen mönchen
die leute zu lehren und sie zu wärmen
als er ausglitt im schnee und nicht weiterreisen konnte
blieb er im kalten land

Und machte ein großes feuer
ein bär kam herbei und der heilige zitterte
vor kälte oder vor angst ich weiß es nicht

der bär brachte holz einen mächtigen trumm
zum feuer hinzu
und der heilige wärmte sich
und der bär wärmte sich auch

Dann lehrte der mönch den bären
brot und kohl zu essen
wie die gewöhnlichen leute
und auf der tür in sankt gallen
die mir die geschichte erzählt hat
streckt sich ein schöner jüngling
auf dem boden zu füßen des bären
sorglos

Von diesen dreien
bin ich die bärin
meine keltischen kinder
lehren mich vegetarisch zu leben
eine zeit lang habe ich sie gewärmt
und sorglos gemacht eine weile
bald geh ich zurück in die wälder
und warte noch immer auf den heiligen
die leute zu lehren und sie zu wärmen

12. AUGUST

Amerika

Ich erinnere mich an ein großes Gebäude aus dem frühen 18. Jahrhundert in New York, auf dem steht: „Wahre Frömmigkeit, Aufklärung, Gerechtigkeit." Die Tatsache, dass die Kirche keine Staatskirche ist, hat andere Traditionen christlich-motivierten Widerstands wachsen lassen. Ich kenne eine Reihe von Leuten aus meiner Generation, die mir, wenn ich sie über die Sechzigerjahre frage, die Zeit des Vietnamkriegs also, antworten: „Ach weißt du, da war ich im Gefängnis." Es waren Christen, die die schwarze Bürgerrechtsbewegung, die Vietnambewegung, die ökologische Bewegung und die Frauenbewegung in Formen zivilen Ungehorsams mitgetragen haben, die sich in Deutschland nie entwickelt haben.

13. AUGUST

New york

In dieser stadt dauert es lange
auf die erde zu kommen
unter der subway wurzeln zu schlagen
wie mag das sein

Gestern bat mich einer
für ihn zu beten
ich trat von einem fuß auf den andern
so erschrocken war ich
im elften stock die erde zu spüren
unter meinen füßen

14. AUGUST

Pilgern

Was heute ökumenisch möglich und notwendig ist, wäre eher eine „Mariologie von unten" gegenüber einer, die auf der strikten Entgegensetzung von Eva, dem Einfallstor der Sünde, und Maria, der Pforte zum Himmel, beruht. Diese andere Beziehung zu Maria ist im letzten Vierteljahrhundert innerhalb der feministischen Theologie entstanden; sie versucht, in verschiedenen Stimmen, von

schwarzen und weißen, armen und reichen Frauen, gerade das Besondere an Maria, ihr In-Gott-Sein, ihre Heiligkeit, ihre „unnennbare Süße“ auf neue Weise zu befragen und sie zu benennen.
Ein Karmelit und Lehrer der Armen aus Brasilien berichtet am Ende des 20. Jahrhunderts von Maria geweihten Wallfahrtsorten, zu denen die Leute zu Zehntausenden strömen. Lange Kolonnen von Lastwagen und Omnibussen bringen die Pilger aus allen Richtungen zusammen.

15. AUGUST – MARIÄ HIMMELFAHRT

Wallfahrt zu Maria

Die Menschen singen und beten ununterbrochen, ein Rosenkranz folgt auf den anderen, ein Marienlied wird angestimmt.
Eine einfache Frau, Witwe und Mutter von siebzehn Kindern, von denen zehn gestorben sind, wurde gefragt: „Warum machen Sie diese Wallfahrt? Was tun Sie in der Marienkirche?“ Die Antwort von Dona Raimunda drückte auf einfache Weise aus, was das Geheimnis Marias ist, für alle, die sie lieben. Sie sagte: „Den Himmel spüren, ganz nahe.“

16. AUGUST

Segen

Eingang und Ausgang, Nahrung und Reisen, Geburtstage und neue Jahre – das sind Lebensübergänge, in denen wir Segen brauchen.

Stadt unserer hoffnung

...
So lange sind wir gegangen
in dieselbe die falsche richtung
weg von der stadt unserer hoffnung
die dort noch begraben liegt

Dann haben wir einen getroffen
der teilte mit uns sein brot
der zeigte das neue wasser
hier in der stadt unsrer hoffnung
ich bin das wasser
du bist das wasser
er ist das wasser
sie ist das wasser

Da kehrten wir um und gingen
in die stadt der begrabenen hoffnung
hinauf nach jerusalem

Der mit dem wasser geht mit
der mit dem brot geht mit
wir werden das wasser finden
wir werden das wasser sein

Ich bin das wasser des lebens
du bist das wasser des lebens
wir sind das wasser des lebens
ihr seid das wasser des lebens
wir werden das wasser finden
wir werden das wasser sein

18. AUGUST

Von anderen Völkern lernen

Was ich dem vietnamesischen Volk, stellvertretend für andere Völker, verdanke, war eine neue Vision des Lebens, die sich von technologischen Zwängen, bestimmten Formen rigider Arbeitsteilung, Herrschaft von Menschen über Menschen frei gemacht hatte. Seit 1967 habe ich von niemandem so viel gelernt wie von den Völkern der Dritten Welt.

19. AUGUST

*Ein gewitter**

Mach mich nass regen
roll über mich her donner
schlag zu blitz und rausch himmel
rausch lauter

Vergessen hatte ich was ich brauche
ein tourist war ich
schrieb karten voll schönem wetter
und sprayte die haut mückenfrei
und dachte das sei alles

Bis du kamst gewitter
mich erinnernd an den durst
den mir der wein nicht löscht
den mir das wetter nicht stiehlt
der erde durst
wird endlich mein
rausch lauter himmel

20. AUGUST

Weltraum

Als die russischen Astronauten aus dem Weltraum zurückkamen, wurden sie gefragt, ob sie Gott gesehen hätten. Und dann, so erzählt die schöne Geschichte, haben sie zunächst abgewehrt und keine Antwort gegeben und gesagt: „Nein, nein, darüber wollen wir nicht sprechen." Bis schließlich noch ein Journalist kam, der hartnäckig blieb und einen der Astronauten allein ins Gebet nahm und sagte: „Nun sag uns doch, ihr habt was gesehen, was habt ihr denn gesehen?", und dann diese schöne Antwort bekommen hat: „Ja, aber sag es nur nicht weiter, sie ist schwarz. Gott ist! Sie ist schwarz!"

21. AUGUST

Konferenz in Budapest

Auf einer Konferenz in Budapest mit dem Thema „Unterwegs zu einer Theologie des Friedens" waren vier Gottesdienste angesetzt, die alle von Männern geleitet werden sollten. Als einer von diesen Männern ausfiel, hat man eine Nonne aus den Philippinen gebeten, doch den Gottesdienst zu machen. Er war so anders und so schön und so warm.

22. AUGUST

Kibbuz

Vor Jahren habe ich eine alte Freundin in einem israelischen Kibbuz besucht. Sie humpelte mit mir zu ihrem früheren Arbeitsplatz in der Gärtnerei. Sie sah sich einige Pflanzen an, ein Mitarbeiter kam, sie um Rat zu fragen. Sie hatte noch immer ein kleines Stück Verantwortung. Kinder kamen sie besuchen, ich weiß nicht, ob wegen der Plätzchen oder der komischen Geschichten, die sie erzählte. Sie fühlte sich manchmal einsam, aber sie war nicht verlassen. Sie musste nicht ins Krankenhaus zum Sterben. Ihre Wünsche wurden respektiert.

23. AUGUST

Fortbewegung

Am frühen morgen lass ich das auto an
und zerbreche die stille
so leise ich auch sein will
zerbrech ich das sanfte licht des morgens
mein weg ist zu weit fürs fahrrad
wiederhol ich mir
und die flügel der morgenröte
die ich sonst wohl nahm
liegen verbrannt unter den vielen dingen
die eine alte frau besitzt

24. AUGUST

Trampen

Zwei Mädchen erzählten mir, dass sie allein durch Frankreich getrampt sind. Sie waren noch so jung, meine ganzen Mutterinstinkte erwachten, und ich dachte, das könnt ihr doch nicht machen, das ist doch viel zu gefährlich, da kann doch weiß Gott was passieren. Als ich das stammelnd hervorbrachte, haben sie mir erklärt, wie falsch es sei, ständig von den Gefahren auszugehen, die einer als Frau drohen, wie unmöglich, sich von dieser Gesellschaft alles diktieren zu lassen, sich die Nacht wegnehmen zu lassen, das Spazierengehen bei Nacht, das Trampen, das überhaupt Leben, wie man eigentlich möchte, stattdessen sich einzuengen in entsetzliche Vorsichtsmaßregeln.

25. AUGUST

Amerikanische Erfahrungen

Mir haben später amerikanische Erfahrungen geholfen, meinen theologischen Weg als Frau zu finden. Am Union Theological Seminary habe ich neue Erfahrungen gemacht, die dazu geführt haben, dass ich mich dort als Christ mehr zu Hause fühle als in Deutschland. Das hängt mit der einfachen Tatsache zusammen, dass die Studenten dort eine andere Beziehung zur Lebenswirklichkeit haben. Viele kommen erst in späteren Phasen ihres Lebens, haben also zehn Jahre Taxi gefahren oder Kinder aufgezogen. Sicher hat es aber auch damit zu tun, dass es dort andere theologische Traditionen gibt. Das ökumenische Klima ist offener. Das Verhältnis zur Aufklärung ist ein anderes, nicht durch eine Kampfgeschichte bestimmt.

26. AUGUST

*Nebelland**

Im nebel zählt
jede taschenlampe
schreibt mir eine frau
aus dem nebelland
in dem ich wohne
ohne mich zu gewöhnen
an die gewalt
und die endlichen batterien
im nebel
der nicht enden will

27. AUGUST

Mutlangen

In Mutlangen fand im September 1983 eine Blockade vor den damals noch geplanten, indessen eingerichteten Massenverbrennungsanlagen statt. Es goss in der Nacht, und meine Gruppe hockte frierend unter einer Zeltplane. Eine Frau mittleren Alters kam auf dem Fahrrad und brachte uns heißen Tee. Sie sei Aushilfslehrerin in einem Nachbarort. Sie sagte, sie könne sich nicht offen zur Friedensbewegung stellen, wie es ihre Schwester tue. Sie werde sonst ihre Stellung verlieren. „Aber weil ich sowieso mehr fürs Praktische bin, bring' ich euch Tee."

28. AUGUST

Ein gebet für nicaragua

Eine große decke breite aus
über das kleine land der vulkane
dass die bombenflugzeuge es nicht finden können
und die nordbank nicht eindringen
und der präsident der vereinigten toten
das kleine land vergisst

Eine große decke breite aus
über das kleine land gerade vier jahre alt
dass die kinder zur schule gehen können
und auch die älteren frauen wie ich
dass der kaffee geerntet und medizin verteilt wird
und keiner vergessen wird
...
Eine große decke breite aus
aus wünschen die so viel zärtlichkeit atmen
dass sie gebete werden
und liebe ist das tätigkeitswort
das zu gott gehört
so kommt die decke von gott

Eine dunkle decke
ausgebreitet die hoffnung der armen zu schützen
bis die nacht endet
bis endlich die nacht endet

29. AUGUST

*Ohne sprachkenntnisse**

Ohne sprachkenntnisse
in einem fremden land zu sein
macht dich aufmerksamer
für die wortlosen gesten ringsum
es wächst auch der schmerz
den worte zu mildern pflegen

Aus diesen beiden gründen
hab ich in santiago de chile
mehr geküsst und gelächelt
als zu anderen zeiten meines lebens
auch habe ich mehr geweint
zusammen mit denen
deren einzige sprache
die gehört und verstanden wird
hunger ist

30. AUGUST

Auf Gott hoffen

Was sind die theologischen Antworten der Menschen auf das Leiden? Der Generalvikar der Erzdiözese San Salvador, Monsignore Ricardo Urioste, sagte uns: „Diese Jahre des Schmerzes haben zwei Dinge hervorgerufen: Wir hatten die Gelegenheit, ein Volk, das innerhalb der politischen Situation ohne jede Hoffnung ist, auf Gott hoffen zu sehen. Und wir haben die Kirche neu und anders verstanden. Wir glauben, dass die Armen in El Salvador eine Option für die Kirche ergriffen haben; ob die Kirche immer die Option für die Armen ergriffen hat, das wissen wir nicht. Jedenfalls sind es die Armen, die uns evangelisieren, die zu uns predigen. Manchmal, wenn man sich deprimiert fühlt und nur wenig Zeit mit den Armen zubringt – es ist nicht zu fassen, wie sehr es einen verändert.“

31. AUGUST

Sightseeing

Ich muss sie vor einigen gefahren warnen
sagte der einladende wissenschaftler
den gästen auf einer Ökotour durch el salvador
die erste besteht darin
unsere luft zu atmen
die zweite bei uns wasser zu trinken
die dritte unser essen zu essen
und schließlich fügte er hinzu
ist es gefährlich
über das evangelium zu reden

SEPTEMBER

Musik

Gerechtigkeit

Familie

Zeit

Natur

Begegnungen

Glauben

Reisen

Mystik

Sprache

Frieden

Erwartungen

1. SEPTEMBER

Suche

Ich befinde mich in einer Suche, wie wir Gott „über alle Dinge lieben" können.

2. SEPTEMBER

Inneres Licht

Für das mystische Bewusstsein ist es notwendig, dass alles Innere nach außen kommt und sichtbar wird. Der Traum will erzählt werden, das „Innere Licht" will scheinen, die Vision muss mitteilbar werden, aus ihr entsteht in vielen indianischen Kulturen der Name. Aber in unserer Welt arbeiten die Trivialisierungsmaschinen schneller als wir: Der Traum geht deinen Psychotherapeuten an, die Idee von einem anderen Leben ist Privatsache und darum ohnmächtig, und das Innere Licht wird wegrationalisiert. Es ist leicht, das Innere Licht in einem Menschen auszulöschen. Heranwachsend in die Tüchtigkeit der Welt helfen wir dabei kräftig mit; wir schneiden uns von den eigenen Erfahrungen ab, halten sie für nebensächlich und nicht mitteilenswert oder, was aber nicht weniger zynisch ist, nicht mitteilbar. Wir verlieren die Träume, die der Nacht und die des Tages, und zunehmend die Visionen unseres Lebens.
Thomas Merton (1915-1968), Mystiker und Widerstandskämpfer gegen den Vietnamkrieg, sagte einmal: „Wenn du mich kennen willst, frag nicht, wo ich lebe; oder was ich gern esse; oder wie ich mein Haar kämme; sondern frag mich, wofür ich lebe, genau im Einzelnen, und frag mich, was nach meiner Meinung mich davon abhält, völlig für die Sache zu leben, für die ich leben will."

3. SEPTEMBER

Gottes bedürfen

Ohne Begeisterung, ohne Enthusiasmus, ist nach Johann Gottfried Herder nichts Großes je entstanden. Ohne Mystik verkommt das Bild des Menschen zu einer konsumierenden und produzierenden Maschine, die Gottes weder bedürftig noch fähig ist. Von der Orthodoxie unterscheidet sich die Mystik, weil sie die Gottfähigkeit des Menschen proklamiert; von unserer rationalistischen Wissenschaftsorthodoxie, indem sie daran festhält, dass wir Gott brauchen. Das Andere, ohne das wir uns nicht denken können, etabliert uns in der Abhängigkeit und Angewiesenheit auf die vielen anderen, deren Gemeinsamkeit Leben herstellt und bewahrt. Gottes zu bedürfen bleibt des Menschen höchste Vollkommenheit.

4. SEPTEMBER

Anders sein

Eine der zentralen - ... „mystische Empfindlichkeit“ genannten – Erfahrungen ist die, dass die Abgeschlossenheit des Selbst durchbrochen wird. Wir sind nicht nur die, die wir kennen, die wir zu sein glauben. Wir sind alle fähig, anders zu sein, wir können uns selber verlassen, wir sind der Versenkung und der Transzendenz fähig.

5. SEPTEMBER

Fragen

Wieso kannst du etwas lieben
das man nicht sieht
            Wieso liebst du nur was man sieht
            reicht es dir nicht es zu fotografieren

Was hast du davon einen unsichtbaren zu lieben
was gibt er dir denn
            Er gibt mir nichts außer der sucht eins zu werden
            mit ihm

Stürzt diese liebe dich nicht in traurigkeit
            Sie macht mich seine tränen weinen
            sie lässt mich sein lächeln essen
            sie stürzt mich da hast du recht

6. SEPTEMBER

Empfangen und Geben

Es geht darum, weder eine introvertierte Mystik noch eine extravertierte Zeitkritik allein zu leben, sondern in diesem Sinn eine vita mixta zwischen Kontemplation und Aktivität zu finden. Im Mittelalter hat sich das in den vielen Versuchen gerade mystischer Frauen gezeigt, in die Kirchenpolitik ihrer Zeit einzugreifen, ohne jedoch die freiwillige Armut und Askese zu vernachlässigen. Die Verbindung von Schauen und Handeln wurzelt in dem mystischen Verständnis der Beziehung zu Gott als einem gegenseitigen von Empfangen und Geben. „Was wir eingenommen haben in der Kontemplation“, so Eckhart, „das geben wir aus in der Liebe.“

7. SEPTEMBER

Hermeneutik des Hungers

Was suchen Frauen und Männer in ihrem Schrei nach einer anderen Spiritualität? Ich will versuchen, eine Hermeneutik des Hungers zu formulieren.

Damit nehme ich einmal auf, was aus den Theologien der Befreiung der Dritten Welt zu lernen ist. Die Hermeneutik der Armen ist eine des Hungers nach Brot und Befreiung. Die Bibel wird gelesen als Antwort auf das, was Unterdrückung, Krankheit, Unbildung und Apathie den Menschen antun. Nicht der Verdacht treibt die Elenden aus der Kirche, sondern der Hunger lässt sie Hilfe suchen, wo immer ihre Würde und ihr Recht zu leben respektiert werden. Ich nehme aber auch auf, was in der Ersten Welt ein nicht weniger lebensbedrohender Hunger anrichtet. Der Hunger nach Spiritualität, die Suche nach dem Sinn, die ausweglose Leere, in die der Konsumismus Menschen stürzt, ist oft genug beschrieben worden.

Die Hermeneutik des Hungers setzt sich von der Hermeneutik des Verdachts und der einer postmodernen Ästhetisierung ab. Ästhetisierung der Mystik findet vielfach dort statt, wo das soziale Ich sich verleugnet und in einer Erlebnisgier, die an die spätmittelalterliche Wundersucht erinnert, mit dem Trend geht, der die sozialen Werte des gemeinschaftlichen Lebens verschwinden macht. Es gibt eine ästhetisierende Sehnsucht nach „Religion pur", die mystische Elemente aufnimmt und sie individuell aneignet. Das Innere Licht macht dabei nicht die Realität durchlässiger, sondern nur das sich in ihm genießende Ich. Kierkegaard hat dieses Verharren im „ästhetischen Stadium" hinreichend als Flucht, als Eskapismus kritisiert. Der wirkliche Hunger ist anders. Nicht ein spielerisches Interesse daran, diese oder jene Tradition zu beschnuppern, treibt die Suche nach essbarem mystischen Brot voran. Sie wächst vielmehr mit jeder neuen Niederlage Gottes, jeder weiteren Zerstörung der Erde und ihrer Bewohner. Sie lernt, auf das „stille Geschrei" zu hören.

8. SEPTEMBER

Die allgegenwart gottes

...
Die gewissheit das schöne zu finden
in allem was lebt
nennen wir seit alters gott

Gott ist überall
sie lockt uns durch schönheit zu sich
wir finden gott
in jedem menschen
...

9. SEPTEMBER

Einswerden mit Gott

Was geschieht wirklich in der Einung der Seele mit Gott - an Befreiung, an Heilung? Es ist eine Einübung in die Sichtweise Gottes, es ist die Wahrnehmung des Kleinen, des Unerheblichen, das Hören auf das Geschrei der Kinder Gottes, die in Ägypten in Sklaverei sind. Gott ruft die Seele auf, die eigenen Ohren und Augen wegzugeben und sich Gottes Ohren und Augen schenken zu lassen. Nur wer mit anderen Ohren hört, kann mit dem Mund Gottes reden. Gott sieht das, was sonst unsichtbar gemacht wird und keine Rolle spielt. Wer außer ihm sieht die Armen, hört ihren Schrei? Die „Sinne Gottes“ in Gebrauch zu nehmen bedeutet nicht einfach eine Wendung nach innen, sondern ein Freiwerden für eine andere Lebensweise: Sieh, was Gott sieht. Hör, was Gott hört. Lache, wo Gott lacht. Weine, wo Gott weint.

10. SEPTEMBER

Das Lachen

Die Freude, das Lachen, der Genuss sind so stark, weil sie wie alle Mystik herkömmliche Grenzen aufheben, hier die von Säkularem und Sakralem. Das oft unbändige Lachen vor allem von Frauen gehört in die Alltagsgeschichte mystischer Bewegungen. Juliana von Norwich (um 1342-1416) hat, ganz gegen die monastischen Traditionen zum Beispiel in der Benediktinerregel, die das Gelächter als Eigenart des stultus, des Toren, einstufte, auf dem Lachen bestanden. Obwohl Christus nach der Schrift nie gelacht hat, erklärt Juliana unbekümmert: „Trotzdem gefällt es Ihm, wenn wir lachen, zu unserm Trost und voll Freude in Gott, dass der Feind überwunden ist."

11. SEPTEMBER

Spirituelle Freiheit

Spirituelle Freiheit wird dort gelebt, wo wir unsere Begrenzung erfahren, indem wir sie verlassen. Die mystische Ekstase bedeutet Entdeckung der Begrenzung des Geistes und Überschreiten der vorgegebenen Grenzen. Dass ich blind war, weiß ich erst im neuen Sehen, dass ich in einem Gefängnis hockte, wird erst klar, wenn seine Tür sich öffnet. Nicht das Selbst wird überstiegen und verlassen, wohl aber das erstarrte, im Gefängnis eingeschlafene Ich.

12. SEPTEMBER

Wir brauchen licht

...
Wir brauchen licht
um denken zu können
wir brauchen luft
um atmen zu können
wir brauchen ein fenster
zum himmel
...

13. SEPTEMBER

Schweigen

Alle Religionen, gerade die nicht-theistischen, haben das Schweigen praktiziert und gesucht. Vor allem der Buddhismus lebt in der schweigenden Kontemplation – das Schweigen ist mehr Gebet, als es das Wort je sein kann. Orthodoxe Christen gehen ein in das feierliche Schweigen, „um Gott das Wort zu geben". Die Quäker beginnen ihre gottesdienstliche Versammlung in einem langen Schweigen. Und in der Neuorientierung der katholischen Liturgie nach dem Zweiten Vatikanischen Konzil setzte sich die Einsicht durch, dass Sprechen im Schweigen verwurzelt sein muss. Philosophisch hat Wittgenstein – weit über den berühmten Schlusssatz des „Tractatus" hinaus – auf die mystische Erfahrung bezogen gesagt: „Es gibt ein Unaussprechliches. Dies nicht als Resultat eines Syllogismus, sondern als das, was sich zeigt. Es zeigt sich als Grund, nicht im Sinne einer Kausalität, sondern als Transparenz des Sagbaren auf einen Sinn hin, der schlechthin jenseits dieses Sagbaren liegt, außerhalb der Welt." Die Weisheit Salomos spricht von diesem „Grund" des Schweigens so:

„Als tiefes Schweigen alles umfing und die Nacht bis zur Mitte gelangt war, da sprang dein allmächtiges Wort vom Himmel ...“ (Weisheit 18,14)

14. SEPTEMBER

Keine Sprache

Das lebendige und unnennbare Licht entzieht sich der Sprache. Es wird erfahren in der leibseelischen Verwandlung, die es bewirkt. Ich vermute, dass innerhalb eines mystischen oder auch eines poetischen Textes die Möglichkeit immer wieder auftaucht, das Schweigen nicht nur zu benennen oder zu fordern, sondern es zu produzieren, sodass eine Leserin das Buch nachdenkend sinken lässt oder ein Sprecher des Textes das Schweigen mitspricht, ein Hörer in es sinken kann. Das Schweigen wird nicht nur beschworen, es ereignet sich.

15. SEPTEMBER

„sunder warumbe“

Der Begriff des „ohn' Warum“ stammt von Meister Eckhart; das Sein „sunder warumbe“ ist bei Eckhart eine Beschreibung des wesentlichen Seins, des „innersten Grundes“, in dem die Zwecke, seien sie auch religiös wie die ewige Seligkeit, keine Rolle mehr spielen und die Zerspaltenheit, die ein Kennzeichen des Bösen darstellt, das mit sich selbst uneins ist, verlassen worden ist.
In einem berühmten Passus sagt Eckhart im Zusammenhang der Erläuterung des „sunder warumbe“: „Wer das Leben fragte tausend Jahre lang: ‚Warum lebst du?', könnte es antworten, es spräche nichts anderes als: ‚Ich lebe dar-

um, dass ich lebe.' Das kommt daher, weil das Leben aus seinem eigenen Grunde lebt und aus seinem Eigenen quillt; darum lebt es ohne Warum eben darin, dass es (für) sich selbst lebt. Wer nun einen wahrhaftigen Menschen, der aus seinem eigenen Grunde wirkt, fragte: ‚Warum wirkst du deine Werke?' – sollte er recht antworten, er spräche nichts anderes als: ‚Ich wirke darum, dass ich wirke.' Wo die Kreatur endet, da beginnt Gott zu sein. Nun begehrt Gott nichts mehr von dir, als dass du aus dir selbst ausgehest deiner kreatürlichen Seinsweise nach und Gott Gott in dir sein lässt."

16. SEPTEMBER

Der Weg nach innen

Der „Weg nach innen" ist nicht ein genussvolles Schwelgen in den eigenen Gefühlen, wie die im Namen der Aufklärung betriebene Kritik gern unterstellt. Er hat nichts von einem fantasievollen Schweifen an sich, die Mythen und Märchen, die ihn schildern, unterscheiden klar seine einzelnen Stadien und die ihnen zugehörigen Formen der Bedrohung. Alles Frühere ist zunichte geworden, der äußerste Punkt der Reise erreicht, das Verlorengehen ist ein Sichfinden.

17. SEPTEMBER

Alles und Nichts

Gott ist das Nichts, das alles werden will, sagt Jakob Böhme. Meine Angst sagt mir, dass sich dieses Nichts in der globalisierten Welt immer weniger wahrnehmen lässt, sein

Glanz ist immer versteckter, das stille Geschrei wird immer mehr übertönt. Aber das Nichts, das alles werden will, produziert seine eigene Unbeirrbarkeit, ja seinen eigenen mystischen Trotz. Böhme denkt das Göttliche als eine Bewegung, etwas Fließendes, Wachsendes, Treibendes, als einen Prozess. Wenn wir den Prozess mitvollziehen, werden wir ein Teil der Gottesbewegung und verbunden mit allen anderen.

Wenn wir an der Bewegung des Nichts teilhaben, so bedeutet das, dass auch wir mit unserm Nichts leben, uns unserm Nichts stellen oder, wie die Mystik es immer wieder gesagt hat, „zunichte werden". Ohne diese Entkleidung des Glaubens, der nackt und bloß wird, können wir nicht an dem Prozess teilnehmen. Ego, Besitz und Gewalt gehören in den Bereich widerständischer Entkleidung, wovon dieser dritte Teil des Buches handelt. Ichlos, besitzlos, gewaltlos zu werden, es sind die Namen des Nichts, das auch unter uns Alles werden will.

18. SEPTEMBER

Alle mystiker

...
Als ich nicht weiterwusste
ein lehrer der nichts lehrt
und jemand erzählt mir von einem alten mann
der ungeduldig fragte hat euch denn niemand gesagt
wir sind alle mystiker alle
...

19. SEPTEMBER

Chassidismus

Das Element der Kommunität ist vielleicht nirgends so deutlich, so unbetrüglich zu sehen wie in der ostjüdischen Bewegung des Chassidismus, die man als eine einzigartig nichtelitäre jüdische „Mystik für die Massen“ ansehen kann. Nach chassidischer Lehre ist „das geringste Ding in der Welt würdig, dass Gott sich aus ihm dem Menschen, der ihn wahrhaft sucht, offenbare; denn kein Ding kann ohne einen göttlichen Funken bestehen“. Diese aus der lurianischen Kabbala übernommenen „heiligen Funken“ zu entdecken und zu erlösen durch die alltäglichsten Handlungen, definiert das Verständnis der Chassidim vom Heil; der Chassid bewährt „die Gottesliebe an allen Kreaturen, ja an allen Dingen“. Das Heil besteht in der Heiligung der Welt.

20. SEPTEMBER

Orte und Ortlosigkeit

Wo erfahren Menschen das mystische Einssein, den Durchbruch oder das Ganzsein? Wo, wann, unter welchen Umständen geschieht es, dass sie aus der Verbannung in einen anderen Bewusstseinszustand geraten, dass sie ihr atomisiertes Getrenntsein „lassen“ können in einer anderen Einheit? Gibt es besondere Situationen oder Ereignisse, die zum Anlass der Erfahrung der Ekstase und des Einswerdens werden? Ist die Wüste ein solcher Ort, die Ahnung des eigenen Todes ein solches Ereignis oder die Versammlung von Menschen, die schweigend nichts anderes tun als auf den Herrn zu harren („to wait upon the Lord“)? Gibt es das überhaupt, Orte mystischer Erfahrung?

Wo finden wir sie? Oder ist die Frage falsch gestellt? Gott kann „sich in mir einschließen", wie C. S. Lewis sich ausdrückt, an einem Sommertag neben einem blühenden Busch, aber genauso gut in einer Gefängniszelle oder gar in einem Hörsaal. Wir haben weder das Recht noch auch nur die Möglichkeit, die Anzahl der Orte mystischer Erfahrung zu begrenzen. Dem weglosen Weg treu zu bleiben bedeutet, jeden Ort, selbst Kirchen, für gottgeeignet zu halten und mit Rumi zu wissen, dass der mystische „Ort die Ortlosigkeit" ist.

21. SEPTEMBER

Variationen über ein thema

von dschelal eddin rumi

Warum
wenn gottes welt so groß ist
bist du ausgerechnet
in einem gefängnis eingeschlafen

Warum
wenn der sternbestickte himmel so nah leuchtet
liegst du ausgerechnet
schlaflos im smog an deinem fenster

Warum
wenn du freier bist als viele vor dir
wirst du ausgerechnet
mit der angst vor deinen grenzen nicht fertig

Warum
wenn gottes garten so fruchtbar ist
bist du ausgerechnet
in die zeit wachsender versteppung geboren

Warum
wenn versöhnung auf der straße liegt
wartend dass du sie aufhebst
bist du
an die feinde des lebens gefesselt

22. SEPTEMBER

Das wahre Sein

„Die Ros ist ohn' Warum, sie blühet, weil sie blühet, sie acht nicht ihrer selbst, fragt nicht, ob man sie siehet." In diesem Zweizeiler fasst Angelus Silesius seine Antwort auf die Frage nach dem Sinn des Lebens zusammen. Während wir gemeinhin denken, dass wir mehr sind als die Rose, einer höheren Seinsordnung angehören, macht er die Rose zum Urbild – und Vorbild – des wahren Seins. Sie ist ohne Zweck, nicht für etwas anderes da, nicht gebrauchbar, sondern in sich selbst sinnvoll. „Was aber schön ist, selig scheint es in ihm selbst", wie Mörike in „Auf eine Lampe" sagt. Das Dasein ist nicht Mittel für etwas anderes, sondern hat seine Rechtfertigung in sich selbst. Es braucht keine Anerkennung von außen, die ihm seine Würde erst gäbe, die Rose „fragt nicht, ob man sie siehet". Sie braucht auch nicht die Zerspaltenheit in ein beobachtendes Subjekt und ein beobachtendes Objekt in der Selbstreflexion, sie hat es nicht nötig, „ihrer selbst" zu achten. Ganzheit und Einheit sind Wesensmerkmale dieses Geschöpfs.

23. SEPTEMBER

Brauchen und gebraucht werden

So wie wir Gott brauchen, so braucht Gott uns. So wie wir auf Gott warten, so wartet Gott auf unser Erscheinen; auch das ist eine alte mystische Einsicht. Erst wenn wir dieses Von-Gott-gebraucht-Werden verstehen, lernen wir wirklich befreiend zu denken.

24. SEPTEMBER

*Transzendenz**

...
Und was fragen sie mich immer wieder
ist diese transzendenz von der sie da reden
und wann frage ich gerne zurück
haben sie denn zuletzt gewartet
auf etwas das mehr ist als menschen kaputtkriegen können
und wer frage ich gern zurück
hat denn die frage nötig außer denen die keine luft kriegen
und wohin fragen sie mich immer wieder
wollen sie eigentlich wenn es schon vor dem tode sein soll
und wieso frage ich gern zurück
können sie sich das nicht einmal mehr vorstellen das leben
...

25. SEPTEMBER

Etwas für jemanden sein

Die Bitte, die jemand ausspricht, ist vielleicht eines der größten Geschenke, die man im Leben bekommen kann. Es geht ja nicht nur darum, etwas zu tun, sondern auch darum, für den anderen etwas zu sein.

26. SEPTEMBER

Mystik der Erotik

Die Mystik der Erotik, vor allem die der Frauen, aber auch die der Männer, deren Seele ja als weiblich begriffen wurde, hat an den Grundfesten patriarchaler Ordnung gerüttelt. Ihr Denken ist von einem Verständnis von Gegenseitigkeit getragen: Geben und Nehmen, Begehren und Ergreifen, Geliebtwerden und Lieben gehen ständig ineinander über, ohne dass eines das Erste, Grundlegende, und eines das Zweite wäre. „Nicht nur die Dürstenden suchen das Wasser; Das Wasser sucht auch die Dürstenden", heißt es bei Rumi.

„Kein Händeklatschen stammt allein von einer Hand." Damit sind die Grenzüberschreitungen von Zeit, Raum und Rollen in der Liebe gegeben; Mystik ist eine immer erneute Dekonstruktion der gesellschaftlich konstruierten sexuellen Rollen. Sie hat immer wieder die Verhältnisse von Herrschaft und Unterwerfung unterwandert und transzendiert. Hildegard von Bingen nahm an, dass Eva vor dem Sündenfall noch zu Gott, nicht zu Adam aufblickte! Und Teresa von Avila ging davon aus, dass die eheliche Beziehung zu einem Mann einer Frau die Würde nimmt, die sie allein in der unmittelbaren Beziehung zu Gott gewinnen kann.

27. SEPTEMBER

Dein erster gedanke

…
Morgens im grauen licht neben dir
wünsch ich mir dein erster gedanke zu sein
gottes erster gedanke als er erwachte du weißt
licht
licht das vor allem war
licht in dem alles sein konnte und zu sehen war
licht vom unnennbaren licht
…

28. SEPTEMBER

„Sprung"

Ich versuchte, den „Sprung", wie Kierkegaard es nannte, zu wagen, in die Leidenschaft für das Unbedingte, in das Reich Gottes. Ich fing damals an, Christin zu werden.

29. SEPTEMBER

Uns „lassen"

Eine Veränderung, die die technokratische Herrschaft der Wissenschaft uns zuweist, ist das Verhältnis zu uns selber. Wir vergessen im tüchtigen Leben, dass wir Gott brauchen, diese nicht planbaren Ereignisse, die die Tradition „Offenbarung" nannte, unsere Zugehörigkeit zu dem großen Ganzen, das uns trägt und erfüllt. Der Glaube könnte uns davon befreien, immer den omnipotenten Herren dieser

Welt spielen zu müssen. Er könnte uns erinnern an diese anderen, altmodischen, überflüssigen Verhaltensweisen, zuhören, warten, schweigen, uns selber unterbrechen. Diese pathischen Fähigkeiten fallen uns immer schwerer. Wir verlernen, uns „zu lassen“, wie die Mystiker das genannt haben. Nur wenn wir wissen, dass wir nicht Gott sind, sondern Geschöpfe – endlich, sündig, sterblich –, können wir Gott finden und Gottes teilhaftig werden. Dann vergessen wir die Sprache der Definitionen und der Erfolgsbilanzen und lernen die Sprachen des Rufens, des Flehens, des Schweigens und des Gebets wieder.

30. SEPTEMBER – GEBURTSTAG DOROTHEE SÖLLE 1929

*Die ferne sonne**

Nachmittags der sonne nachsehen
die hinter der häuserzeile
verschwindet
am schreibtisch
mit denen sprechen
die aus verständlichen gründen
tote genannt werden bei uns

Die ferne sonne
die fernen freunde
mir näher als ich

Ein freund jesu werden
freundin dem leben

OKTOBER

Musik

Gerechtigkeit

Familie

Zeit

Natur

Begegnungen

Glauben

Reisen

Mystik

Sprache

Frieden

Erwartungen

1. OKTOBER

Ein wort

Eines tages werde ich ein wort für die farbe der
oleanderblüten finden und es dir bringen

2. OKTOBER

Poesie, Gebet und Bibel

Ich brauche die Sprache der Poesie und des Gebets und die der Bibel. Als Schriftstellerin arbeite ich mit theologischem Material, so wie bildende Künstler mit Stein, Draht, Holz oder anderen Materialien arbeiten. Die Bibel, die Geschichte der Heiligen, die Geschichte der Kirche – und das heißt im Wesentlichen, wie es trotz intensiver Bemühungen der Institution nicht gelungen ist, das Evangelium zu zerstören –, die systematisch-theologische Reflexion – das sind die Materialien, die ich brauche, um etwas Licht auf einen dunklen und verworrenen Kontext zu werfen. Warum ist das so? Warum hilft mir denn eine alte Geschichte aus der Jesustradition beim Schreiben heute? Was gibt denn die mythisch-narrative Sprache her? Etwas, das in meiner empirischen Realität zwar verborgen ist, aber meistens nicht sichtbar wird. Ich benutze das Evangelium – oder auch andere religiöse Traditionen –, um etwas, das mir lebensnotwendig ist, zu sagen. Ich gebrauche den Mythos, das mythische Sprechen, ich arbeite mit ihm, weil ich es brauche.

Besser-Wessi

Aus einer Bibelarbeit beim Frauenkirchentag in Erfurt 1992

Gott bleibt nahe – ich bleibe fremd. Liebe Schwestern, euer Titel hat mich nachdenken gemacht. Wer ist dieses „Ich", das sich fremd bleibt, auf der Suche nach sich selber ist, sich nicht zurechtfindet? Als „Wessi-Frau" bin ich mit einigen Zweifeln hierhergekommen. Was kann ich euch mitteilen, da doch unsere Erfahrungen so grundverschieden sind? Wie kann ich mich verständlich machen, ohne als eine „Besser-Wessi" aufzutreten, wie kann ich solidarisch mit euch und kritisch mit uns allen zugleich sein und dann auch noch etwas von Gott sagen, ohne zu schönen oder zu mogeln?

Lasst mich ein Wort zu eurer Situation sagen im Sinne der Bibel. Ihr wart doch vierzig Jahre in dem, was die Bibel Ägypten nennt: Sich ducken müssen unter einem Pharao, der Opfer und Abgaben verlangt, der Flüsse und die Luft verunreinigt, Waffen anhäuft und Kinder mit Hass vergiftet. Eines Tages war es so weit, dass Gott es nicht mehr mit ansehen konnte. Ihr seid waffenlos aufgestanden und herausgezogen aus dem Lande der Unfreiheit. Vergesst es nicht! Und was immer man über die Rolle der evangelischen Kirche bei diesem Exodus sagen kann, sie hat vielleicht zum ersten Mal in ihrer fast 500-jährigen Geschichte auf der richtigen Seite gestanden, bei den kleinen Leuten und nicht bei den Herrschenden.

4. OKTOBER

Alte uni hörsaal b

In der vorlesung geb ich mir mühe
das glück zu erklären
von rechts und links
von oben und unten
von ost und west
kreis ich es ein
baue gatter und zäune
dass es mir ja nicht entwischt

Während das glück in der mitte des krals
dem mohammed heilig
schnurrt und schnurrt
alle reden vom unglück
ich mag nicht mehr
ich sitze mit dir im bauch der heiligen katze versteckt
und nur der wunsch zu verteilen was da ist
bringt mich wieder zum gatter

Schweigen wär besser
alle wörter sind löchrig
nur angesichts der herrschenden hungersnot
kriech ich heraus und geh los
die neue sprache zu finden
ach es tut weh um jeden
der nur das unglück erklärt
wissenschaftlich
ach es tut weh um jede
die nichts lernt als das

5. OKTOBER

Eine Quelle der Kraft

„Dichterisch wohnet der Mensch", sagt Hölderlin, genährt von Poesie und Gebet. Wo immer wir selbst der Herrschaftssprache entkommen und eine andere Sprache versuchen, das heißt sie hören, verstehen und sprechen lernen, da ist die Sprachschöpfung, das Neuwerden von Sprache eine Quelle der Kraft, eine Ermutigung, die weit über analytisch-kritische Erkenntnis hinausgeht. Ich erinnere mich, wie ich den Satz „Das weiche Wasser bricht den Stein" zuerst hörte. Ein Satz voll Erinnerung an das, was das weiche Wasser schon getan hat, an Brechts Gedicht über die Entstehung des Buches Tao-te-King, ein Satz der Vision, ein Satz, der aus dem, was die Bibel die „Stärke der Schwachen" nennt, spricht, ein theo-poetischer Satz. Ein Satz, der keine Zeitaussage macht und die am nächsten liegende Frage „wann denn endlich?" nicht beantwortet. Damit erinnert mich der Satz zwischen Erinnerung und Vision daran, dass ich wahrscheinlich sterben muss, ehe der Stein gebrochen ist und der Krieg, in dem wir jetzt leben, zu Ende ist, dieser Krieg gegen die Ärmsten dieser Welt, gegen die Schöpfung und gegen uns selber. Mitten im Krieg vom Frieden zu singen, ich glaube, das ist das Geheimnis der Menschen im Neuen Testament, die unter einem vergleichbar menschenfeindlichen Imperium zitterten und ihre anderen Lieder sangen. So „wohnten" sie „dichterisch" und teilten die andere Sprache miteinander.

6. OKTOBER

Luft

...
Immer mehr luft schwebt zwischen den wörtern
...

7. OKTOBER

Postulate und Realität

Eine der wesentlichen Versuchungen, der man beim Bücherschreiben (oder Lehren oder Predigen) ausgesetzt ist, besteht darin, dass Postulate die Realität ersetzen und man seiner Zeit voraus zu sein meint, nur weil man sich ihren Widerständen entzieht.

8. OKTOBER

E N

Reinar erzählt von seiner kindheit
wie er beim lesen auf
rabbi zalman von ladi stieß
der vom ewigen nichts sprach
das die welt bewegt
auf einen ziegelstein schrieb er
E N
und von den kameraden befragt
ob sie elvira neumann heiße
sagte er nein dies sei das
andere ewige nichts

9. OKTOBER

Rede von Gott

Gott ist immer größer als jede Rede über Gott. Ich glaube, es leuchtet unmittelbar ein, dass Gott mehr sein muss als alle unsere Worte, dass Gott immer noch etwas dahinter bedeutet, das wir vielleicht noch gar nicht formuliert haben, dass Gott eben essenziell, ontologisch etwas anderes „ist“, wenn man diesen Ausdruck („sein“) überhaupt anwenden will, als ein Tisch. „Es gibt“ den Tisch, „es gibt“ den Himalaja, aber Gott „gibt“ es nicht, die objektivierende Weltansicht eines unbetroffen beobachtenden Subjekts ist Gott gegenüber sinnlos und unmöglich. Symbolische Rede ist eine Rede, die sich ihrer eigenen Begrenzung bewusst bleiben muss.

10. OKTOBER

Nichtakademische kritik einer abschlussarbeit

Deine gedanken wachsen wild und schön wie narzissen
doch macht mich dein schreiben traurig
weil diese frühlingsblumen nicht bleiben,
weil du nicht lang genug mit den wörtern gekämpft hast
und die gedanken nicht stück für stück
widerlegt und bestritten

Ich möchte dass du so genau mit der sprache bist
wie einer der daten notiert im labor
dem wir trauen können weil es kontrolle gibt
ich möchte dass du dich testest
und nicht nur für dich schreibst

Du hast mir von deinem onkel in oklahoma erzählt
seine enttäuschung widerlegt was du sagen willst
geh nach hause und schreib für ihn
erzähl die geschichten die frei machen

Du musst deine angst mitteilen
wenn du von liebe sprichst

das muss ich dir doch nicht sagen mein junger bruder
vergiss keinen augenblick die
die zu kaputt sind zu glauben

Hör sie ab auf hoffnung
du bist nicht reicher als sie
sie sind so reich wie du

11. OKTOBER

Dichten und beten

Theologie und Poesie, die Sprache des Wunsches und der Hoffnung, der Klage und des Gebets sind heute gleicherweise bedroht.

Beide haben heute mehr gemeinsam als je zuvor. Beide sind heimatvertrieben, beide gelten als irrelevant. In den Schulen und Ausbildungsstätten kann man auf das Erlernen dieser Sprachen verzichten: Die passive Aneignung wird noch geduldet, alles, was über die bloße Rezeption eines kulturellen Erbes hinausgeht, wird begradigt. Wer wollte denn dichten und beten lehren?! Wer maßte sich denn an, aus einer Engelsprache zu übersetzen?! Welcher Lehrer hätte denn ein Interesse daran, den „Zeigefinger des verborgenen Menschen in uns" durch Sprache sichtbar zu machen?! Wer wollte denn tun, was Poesie und Gebet immer wieder versuchten, Gott mitzuteilen, Gott zu verteilen, das Gute, das sich mitteilt, weiterzuverteilen?!

12. OKTOBER

*Depressionen**

Jemand erzählt mir von einer frau die
in tiefer depression
wie du vielleicht die du das liest
verlassen von dem mann
den sie eine zeit lang für ihren gehalten hat
wie ich vor langen jahren
und später nicht klüger geworden
zum fotokopiergerät ging mit gedichten
wie das das du jetzt in der hand hast
kopierte und an die freunde schickte
hör mich meine jüngere schwester
für die ich mehr als für alle schreibe
immer wieder soll sie das getan haben
ehe sie sich das leben nahm

Jemand erzählte mir von dieser frau
weil es doch einen sinn habe
gedichte zu schreiben
ehrlich ich weiß nicht

Jemanden begleiten
den man dann doch alleinlässt

Eine botschaft herumtragen
die ich nicht überbringen kann

Nicht der mir unbekannten frau
nicht den mir zu gut bekannten
befürwortern der aufrüstung bis zum tod
kann ich mitteilen

Was es bedeutet
gott über alle dinge zu lieben

13. OKTOBER

Mit Gott ringen

Wir fragen manchmal nach dem Sinn des Gebets. Mit Gott ringen, damit Gott Gott sei, ist eine Antwort auf diese Frage. Beten heißt: Gott die schwarzen Kinder Südafrikas, die heute im Gefängnis sind, gedemütigt und gefoltert werden, immer wieder vorhalten. Beten heißt, Gott nicht freisprechen. „Es sind doch deine Kinder, mein Gott!" Zur Freiheit geschaffen, wenig niedriger als die Engel, Töchter und Söhne des Lebens. Du kannst sie doch nicht einfach verrecken lassen! Fürbitte tun heißt, Gott erinnern an die, die allen Grund haben, sich von Gott vergessen zu glauben. Ringen, Kämpfen, Beten ist ein Vorgang.

14. OKTOBER

Grundmelodie des Lebens

Theologie und Literatur – das ist ein Cantus firmus in meinem Leben.

15. OKTOBER

Stumme sprachen

...
Ich will doch nur dass ihr gott glaubt
hör ich viele sagen
in stummen sprachen
...

16. OKTOBER

Lesen und Wiedererkennen

Das griechische Wort für Lesen bedeutet Wiedererkennen. Die mystischen Texte zu lesen bedeutet, sich selber, dieses verschüttete Wesen, wieder zu erkennen. So befreit die Entdeckung der mystischen Tradition auch die eigene vergessene Erfahrung. Ich kann aus diesem Grund mit der Bescheidenheit mancher Mystikforscher, die sich selber ständig als Nichtmystiker, Nichts-erfahren-Habende, „secondhand goods" Verteilende begreifen, wenig anfangen. Als könnte man sich mit Mystik „beschäftigen" wie mit einem anderen Geschäft. Ich suche bei den Mystikern etwas, das ich als Gefangene der großen Maschine nicht bekomme. Mein Interesse ist nicht, die Mystiker zu bewundern, sondern mich von ihnen er-innern zu lassen und das Innere Licht täglich so deutlich wie nur möglich zu sehen: Es ist auch in mir versteckt.

17. OKTOBER

Mit meinen händen

Und berühre mit meinen händen
die alten großen wörter noch einmal

18. OKTOBER

Gegenwart aussprechen

Die Psalmen Cardenals haben mir geholfen, meine Stimme zu finden. Sie verbinden biblische und moderne Elemente ohne Bruch. Die Mittel, mit denen Menschen heute von Menschen bedroht werden, haben sich differenziert, aber Angst und Protest, das Leiden am Unrecht und der Jubel der Befreiung sind gleich geblieben. Cardenal hat nicht einfach Psalmen „übersetzt“, als müsste da etwas Vergangenes in die Gegenwart transportiert werden, um verständlich und genießbar zu werden. Die Bewegung dieser Dichtung ist umgekehrt: Cardenal versucht Gegenwart auszusprechen, dazu bieten sich ihm biblische Bild- und Sprachelemente an.

Er spricht auf befremdlich selbstverständliche, manchmal geradezu naiv anmutende Weise von Gott. Seine Abwesenheit erfährt er konkret als Hilflosigkeit des Menschen. Wie in den alten Psalmen, so halten sich auch hier Zweifel und Glaube die Waage, beide nicht in einem intellektuellen Sinn, wohl aber existenziell – als der Bogen der Verzweiflung zur Hoffnung, auf den sich die Beterin und der Beter einlassen. Die wiederkehrende Frage heißt darum, wann endlich Gott eingreift.

19. OKTOBER

Ein student in einer krise

Ich dachte immer
die sprache der wissenschaft ist die sprache
die wir brauchen
wenn ich sie beherrsche
versteh ich die welt und kann handeln
außer dieser sprache
brauch ich keine

Das ist zu Ende
lächelt er nachdenklich
die sprache die ich brauche
ist nicht vorhanden

ich bin unterentwickelt
hör ich ihn sagen
weil ich außer dem mannsein
nichts gelernt habe

Ich kann dir nichts leihen
sag ich schließlich
solang wir die sprache nicht finden
tragen wir nichts bei zu der welt
die uns braucht

Jeder psalm auch deiner
fängt mit dem nichts an
das alles werden will
dieses nichts können wir verlegen
wenn es uns einholt
wird uns die sprache zu klein

Der mystische schuster in görlitz
kannte das nichts
das dir zur sprache fehlt

20. OKTOBER

Ein Gedicht schreiben

Ein Gedicht zu schreiben, das ist für mich tatsächlich oft die einzige Art, überhaupt mit dem Unglück umzugehen, es somit aufzuschreiben. Aus der Flut dieser Millionen Unglücksnachrichten die eine oder andere herauszugreifen und dieses Bild sozusagen zu rahmen. So kann ich die Nachrichten in mein Herz lassen. Poesie ist wahrscheinlich immer eine Art, Nein zu sagen zu dem, was ist, mit aller unserer Kraft. Insofern ist sie eine Art zu beten.

21. OKTOBER

Meine sprache hat mich verlassen

Meine sprache hat mich verlassen
sie ging aus dem haus
zum briefkasten
und kam nicht wieder

Jetzt wünsche ich ohne zu beten
jetzt hasse ich ohne zu fluchen
jetzt liebe ich ohne gedichte zu machen

Es ist alles wie immer
nur kälter

22. OKTOBER

Hoffnung lernen

Was ist uns denn eigentlich wichtig zu erzählen, wo sind denn unsere Blindenheilungen, wo stehen denn mal Lahme auf, wo werden denn mal einige satt? Wie lernen wir denn wieder zu erzählen, nicht nur zu berichten, sondern mit Emphase und Empathie das weiterzugeben, was uns, zum Beispiel in der eigenen Familiengeschichte wichtig ist. Wie lernen wir denn gegen die Unglücksgeschichte und das Todeswissen das zum Thema zu machen, was uns zu leben hilft? Ich persönlich habe am allermeisten tatsächlich in der Dritten Welt gelernt. Ich wünschte mir wirklich, wir könnten unsere eigenen Geschichten stärker in ihrer Hoffnungskraft erleben.

23. OKTOBER

Gott loben

Ich versuche, in Gedichten zu sagen, was mich ärgert und was mich freut, worunter ich leide und was mich tröstet. Ein großer Teil der neueren Literatur ist ja Selbstmitleid, und es beunruhigt mich, wie ich finde, man muss Gott loben, um das so fromm zu sagen. Ohne zu loben, atmen wir nicht wirklich. Und zu nennen, was gut ist und befreiend, ist der einzige Weg, die Erfahrung der Befreiung zu verteilen. „Gott ist das Allermitteilsamste", wie Meister Eckhart sagt. Warum ist es oft so unmöglich, Gott zu verteilen?

24. OKTOBER

Seinen namen lernen

...
Aber zum leben
brauchen wir noch eine andere sache
exportartikel nummer eins
aus nicaragua

Und so führen wir ein
die tränen in den augen eines bauern
der vorsichtig den eigenen namen entziffert
seinen namen lesen ist
wie einen namen bekommen
wenn man ein leben lang eine nummer war
wir die wir lesen und schreiben beherrschen
aber keinen nennenswerten gebrauch davon machen
hören mit staunen die nachricht
von der zärtlichkeit der bleistifte
...

25. OKTOBER

Ein Anklopfen

Die Menschen können ihre tiefsten Erfahrungen nicht mehr in der Gottessprache ausdrücken und sie mit andern teilen. Ohne Gestalt, ohne Sprache gehen die Erfahrungen ein, sie werden nicht angeeignet. Sprache bildet ja nicht nur ab, was ist, sondern stellt im Bewusstsein das Erfahrene wieder her. In diesem Sinn ist gelingende Gottessprache ein ständiges Anklopfen an die Tür der Erinnerung, sie sagt: weißt du nicht mehr, erinnere dich doch es war doch auch bei dir so. Zugleich ist sie eine Deutung der Realität, auf die wir nicht verzichten können.

26. OKTOBER

Nicht zwei dinge

...
Die sprache
taugt nicht zwei dinge auf einmal zu sagen
angebunden an den karren der zeit
mitgeschleift über stock und stein
der geschichten des folterjahrhunderts
kann ich nicht
stein sagen und licht sagen zugleich
kann ich nicht wissen
dass vor uns
bereits alles sehr gut war
...

27. OKTOBER

Sprache fehlt

Während in Wirklichkeit Gott an vielen Stellen unseres Lebens präsent und erkennbar ist, fehlt uns Sprache, Gott zu nennen.

28. OKTOBER

Gottessprache

Praesentia dei – in der Fülle des In-Gott-Seins und in der Leere der Verlassenheit – das sind Grunderfahrungen, die ohne Gottessprache stumm und hilflos bleiben, die wir dann nicht teilen können und die uns nicht verändern. Die Gottessprache macht uns sprachfähig, hilft uns beim Kommunizieren dessen, worauf es ankommt, und sie schafft in uns immer wieder „das neue Herz und einen neuen gewissen Geist" (Psalm 51,12).

29. OKTOBER

Wünsche an das Leben

In genau diesem Sinn, in dem die Liebe Herrschaft abbaut, indem sie sich angewiesen weiß, arbeitet auch das Gebet. Es ist eine Sprache der Liebe, und wo es das nicht ist, kann man es weglassen. Es ist Bitte und lehrt, unsere Wünsche an das Leben genauer und gemeinsam zu formulieren, aber es ist auch und zugleich Selbstauslieferung an Gottes Gnade.

30. OKTOBER

Predigen

Nicht zweimal dieselbe geschichte erzählen
ist eine gute regel
erstens der zuhörer wegen
als wären sie leere tassen
und hätten keinen anteil
zweitens der geschichte wegen
die springen möchte und zickzack rennen
und nicht erwartet sein
drittens auch meinetwegen
ich zerstöre mich selber
wenn ich mich am geländer festhalte
und mir nicht erlaube
anders zu sein

Aus diesen gründen empfiehlt es sich
die älteste geschichte von gottes liebe zu allem was lebt
nicht den alles repetierenden
schnattergänsen zu überlassen

31. OKTOBER – REFORMATIONSTAG

Reformation

Die Reformation hat gewusst, dass es schwer ist, Gott und die Götzen zu unterscheiden. Beide versprechen das Leben, das geglückte, erfüllte Leben. Das Wort Gott steht schließlich auf jeder Dollarnote und es stand auf jedem Koppelschloss! Der Unterschied ist aber, dass die Götzen das Leben nur vorgaukeln und in der Realität dem Tod zuarbeiten.

Religion, Glauben an eine andere Art von Leben brauchen wir, nicht zur Welterklärung, sondern um hoffen zu können.

NOVEMBER

Musik

Gerechtigkeit

Familie

Zeit

Natur

Begegnungen

Glauben

Reisen

Mystik

Sprache

Frieden

Erwartungen

1. NOVEMBER – ALLERHEILIGEN

Leben nach dem Tod

Ich glaube an das Leben nach dem Tod, das Leben, das weitergeht nach meinem individuellen Tod, an den Frieden, der vielleicht irgendwann einmal sein wird, wenn ich schon lange tot bin, an die Gerechtigkeit und die Freude.

2. NOVEMBER

Schalom

Frieden ist ein zentrales Thema der biblischen Schriften. Die Grundbedeutung von Schalom als Wohlergehen, Wohlsein geht weit über den sogenannten negativen Friedensbegriff hinaus, der unter uns geläufig ist und die Abwesenheit offener und kollektiver Gewaltanwendung meint: Frieden ist in diesem griechisch geprägten Denken nur das Gegenteil von Krieg. In der Philosophie der gegenseitigen Abschreckung wird der negative Friedensbegriff (eirene) benutzt; der Status quo der Bedrohung, des Hungers, der Angst, der Unfreiheit wird festgeschrieben, ohne dass doch inhaltlich und positiv Frieden als Frucht der Gerechtigkeit bestimmt würde, wie es im biblischen Denken geschieht. Der Friede des Reiches Gottes ist der reichere Begriff, der den inneren mit dem sozialen und dem äußeren politischen Frieden zusammenschließt. Essen und Gesundheit gehören ebenso zum Schalom wie Gemeinschaft und Hoffnung. Nicht nur die Gewalt zwischen Menschen wird im Schalom überwunden, sondern auch die wirtschaftliche Not und Ausbeutung, die politische Unfreiheit und die psychische Angst. Manche jüdischen Rabbis sagten, Schalom sei ein Name Gottes.

3. NOVEMBER

Vrede

...
Die alte frau hat gelächelt
und die sonne rollte herüber
von den dunklen hügeln kentuckys
verstehst du holländisch sagt sie
besser als alle andern sprachen sag ich
wenn sie das wort vrede meinen
...

4. NOVEMBER

Die alte frau h

Auf dem verschneiten friedhof vor meinem fenster
sitzt heute morgen die wintersonne
rauch spinnt kleine knäuel von der fabrik
ich denke an die alte frau h
die beim plaudern die zeit vergaß
und sich schämte als sie es merkte

Der kaffee hörte ich sagen soll sein
wie die liebe heiß bitter und süß
heimweh sagt sie mit ihren zweiundachtzig jahren
und wiederholt das wort
wie eine gute lehrerin die lernt
wenn sie lehrt heimweh

Ohne worte hat sie mich gefragt
warum sie noch hier sei
ob es erlaubt sei sich fortzuwünschen
nach so langer zeit wolle sie endlich
ich schmeckte den kaffee im gaumen

ihr leben und eines der vielen gebete
die wir nicht laut zu sagen gelernt haben
...

5. NOVEMBER

Fragen

Elie Wiesel erzählte uns, wie er mit seinem damals etwa acht Jahre alten Sohn umging. Jeden Abend hatten Vater und Sohn eine festgesetzte Stunde zusammen. Wiesel sagte, dass er deswegen nicht gern reiste und wenn möglich seinen Sohn mitnahm. Es gab ein paar Regeln für diese gemeinsame Zeit: Jeder von beiden darf alles fragen; jeder von beiden antwortet nach bestem Wissen. Der Junge bat den Vater zum Beispiel, von seiner Schulzeit zu erzählen. „Wie war das, als du ein Junge warst?“ Er fragte nach den Lehrern, den Schulkameraden. Der Vater erzählte ihm viel. Dann stellte der Junge manchmal Fragen wie: „Wo ist dein Freund jetzt?“ Oder: „Lebt der Lehrer noch? Was passierte danach? Steht der Kirschbaum noch im Garten des Onkels?“ Und der Vater antwortete nicht. Er sprach nicht. Er schwieg. Und eines Tages stellte der Junge eine merkwürdige Frage an den Vater. Er sagte: “War es davor oder war es danach?“ Der Vater hatte dem Kind nichts erzählt von der Deportation, über Vernichtungslager, über Gas. Und doch wusste der Junge etwas und umschrieb es mit den Worten „davor“ und „danach“. „Das war davor, Vater, nicht?“, sagte er. Irgendwann wird es ihm der Vater gesagt haben, was zwischen davor und danach geschehen ist.

6. NOVEMBER

Diesmal

Während der Friedensbewegung hat es in Deutschland einen schönen und wahren Satz gegeben, der hieß: „Diesmal kann keiner sagen, er habe es nicht gewusst." Das bezog sich damals auf die Stationierung von Atomwaffen und erinnerte zugleich an die größte Katastrophe in der Geschichte der Deutschen, an Auschwitz. Was wir heute ökologisch für die nächste und übernächste Generation vorbereiten, lässt sich mit der blinden Verantwortungslosigkeit vieler guter Deutscher aus der Nazizeit vergleichen. Wir müssen dafür sorgen, dass auch diesmal keiner mehr sagen kann, er habe es nicht gewusst, was die Klimaveränderung bedeutet.

7. NOVEMBER

Einfach das glück

...
Es ist keine anstrengung und kein müssen
es ist auch kein hobby für die freizeit
es ist einfach das glück am leben zu sein
das mich verführt den frieden noch und noch zu erklären
...

8. NOVEMBER

Gotteshunger

Vielleicht fragt jemand, mit welchem Recht ich diesen Hunger, diese Suche nach Sinn denn „Gotteshunger" nenne.

Im Sinne einer negativen Theologie würde ich antworten, dass nichts und niemand diesen Hunger stillen kann, und in diesem Nichts steckt eine Aussage darüber, was die Religionen „Gott" nennen. Sie versuchen in verschiedenen Bildern und Sprachen von der ursprünglichen Kraft des Lebens, von dem Ursprung und Ziel aller Dinge zu reden. Von diesem großen X im Herzen der Welt, das viele verschiedene Namen hat, viele verschiedene Gesichter trägt und in den verschiedensten Sprachen benannt wird, handeln die Religionen. Sie sagen eigentlich nichts anderes als: Ohne dieses X bist du nicht ganz, bist du nur halb, fehlt dir die Verbindung zum Geheimnis des Lebens. Ohne dieses X ist kein Segen in dem, was du tust, findest du keinen Frieden, gewinnst du keine Gewissheit. Ohne X bist du ein ersetzbares Schräubchen in der Megamaschine. Die Erfahrung und das Lebensgefühl vieler Menschen ist, nicht gebraucht zu werden und in diesem Sinn überflüssig zu sein. Die Religionen antworten auf diese negative Erfahrung und sagen: Gott braucht dich. Ist es aber möglich, eine solche religiöse Gewissheit anderen mitzuteilen, sie kommunikationsfähig zu machen unter den Bedingungen der Moderne? Wie können wir verständlich von Gott reden ...?

9. NOVEMBER – REICHSPOGROMNACHT

An Gott festhalten

Vor einigen Jahren hatte ich in der Nähe von Hamburg ein Treffen in einer Kirchengemeinde, in dem wir uns an die brutale Nacht von 1938 erinnerten. Dort tauchte eine Frau auf, die sich als Außenstehende einführte. Sie erzählte, sie habe sich jahrelang mit dem jüdisch-christlichen Problem herumgeschlagen, weil sie wissen wollte, wie es zur Shoah, zur Vernichtung der europäischen Juden, gekommen sei. Sie beendete ihren Beitrag mit den Worten: „Als ich

Auschwitz verstanden hatte, schloss ich mich der Friedensbewegung an.“ In dieser Aussage fand ich einen anderen Gott als den omnipotenten Herren des Himmels und der Erden, der vollständig unabhängig von uns ist. Diese Frau hatte verstanden, dass Gott in der Nazizeit in Deutschland klein und schwach war. Gott war tatsächlich machtlos, weil er keine Freundinnen und Freunde hatte, Gottes Geist hatte keine Wohnung, Gottes Sonne, die der Gerechtigkeit, schien nicht. Der Gott, der Menschen braucht, um zu sein, war ein Nichts. Diese Frau sah nicht zum Himmel auf, um sich von einem allmächtigen Vater trösten zu lassen. Sie sah nach innen und um sich herum. Sie fand „das von Gott“, wie die Quäker oft sagen, in sich selber, die Kraft zum Widerstand, den Mut für ein klares Nein in einer Welt, die betrunken ist vom Blut der Unschuldigen. Und sie fand eine andere Gabe des Geistes, die Hilfe anderer Geschwister. Sie war nicht allein. Sie unterwarf sich nicht einem Gott, der fälschlich als Schicksal verstanden wird. Sie dachte auch nicht daran, ohne Gott und in vollständiger Anpassung an die Werte dieser Welt – Karriere, Ansehen, Einkommen – zu leben. Sie hielt stattdessen an dem Gott fest, der als die Kraft der Befreiung in uns ist. Gott ist kein „Interventionist“, der intervenierend eingreift, sonden ein „Intentionist“, der seinen Willen und seine Intention erkennbar macht. Ich könnte auch einfach sagen: Gott träumt uns, auch heute.

10. NOVEMBER

Erklären

…
Was christus bedeutet so sagte der strubbelkopf wörtlich
und warum das sogenannte machbare der tod ist
der tod ist der tod er geriet da ins stottern
und als er ein drittes mal anfing

eine nichtakademische frage zu stellen
in einem britischen college

Da hörte ich endlich hin und merkte
dass es ein schrei war
da sah ich endlich hin und entdeckte
die flügel an seinem miesen regenmantel
immer noch dacht ich hat gott
seinen engel befohlen über uns
dass wir nicht sterben müssen
an der einsamkeit der kämpfenden

11. NOVEMBER

Den engel erkennen

...
Woran sollen wir einen engel erkennen
außer dass er mut macht wo angst war
freude wo nicht mal mehr trauer wuchs
einspruch wo sachzwang herrschte
abrüstung wo terror glaubwürdig drohte

Fürchte dich nicht der widerstand wächst

12. NOVEMBER

Eine innere Stärke

Ich bin seit vielen Jahren in der Friedensbewegung engagiert, und die Frage, die ich in diesem Zusammenhang am häufigsten gestellt bekomme, ist natürlich die nach dem Erfolg. Welchen Sinn hat das alles? „Ihr werdet ja doch

nichts ändern!“ ist die Form, in der uns die Frage Meister Eckharts „Warum wirkst du deine Werke?“ begegnet. Es ist mir immer deutlicher geworden, dass angesichts eines gewissen Zynismus, der objektiv oder sogar subjektiv sein kann, Begründungen für bestimmte Formen des Handelns gar nicht verfangen. Ein normal-forscher Journalist, der außer den Fragen „Was bekommst du dafür, wer bezahlt dich?“ und „Was erreichst du damit?“ nichts im Kopf hat, kann für ein so aussichtsloses Unterfangen wie den Kampf um mehr Gerechtigkeit und Frieden bestenfalls Mitleid übrig haben; die nächste Niederlage ist uns gewiss.
Das allein am Erfolg orientierte Denken ist wesentlich zynisch. Aber “die Ros ist ohn Warum“, und bestimmte Dinge muss man tun “sunder warumbe“. Auch wenn sie jetzt keinen Erfolg haben. Es gibt eine innere Stärke des Im-Frieden-Seins, die die Zweckrationalität des Handelns nicht zum alleinigen Maßstab machen kann. Alles gewaltfreie Handeln in einer Welt der Gewalt hat in diesem Sinn an dem „ohn Warum“ der Rose Anteil.

13. NOVEMBER

Loben, träumen, bitten

...
Wir können nicht fühlen
was wir nicht tun
darum ist es nicht genug
den frieden zu loben
den frieden zu träumen
um frieden zu bitten
...

14. NOVEMBER

Schweigen für den Frieden

Wenn junge Menschen in den Einkaufszentren unserer Städte, also gerade dort, wo das Goldene Kalb angebetet wird, „für den Frieden schweigen“, so machen sie einfach durch ihr Dastehen sichtbar, dass Gott gegenwärtig ist. Schweigend sprechen sie von Gottes Präsenz. In diesen neuen Formen einer Frömmigkeit, die mit der eigenen Ohnmacht lebt und sich nicht in Kirchen verbirgt, steckt ein mystischer Kern. Es ist ein Schweigen nach der Information, der Analyse, dem Wissen. Es ist öffentlich, und die es üben, müssen damit rechnen, angepöbelt zu werden. Es setzt sich den täglichen Niederlagen Gottes aus, die sich in Erfahrungen ausdrücken wie: „Meiner Familie kann ich damit nicht kommen, die Zeitung hat wieder nichts über unsere Aktion gebracht, im Betrieb bin ich isoliert und werde geschnitten.“ Und trotzdem spricht das Schweigen von Gottes Gegenwart. Gott ist, um es im Spanisch der Befreiungstheologie auszudrücken, im Schweigen „presente“.

15. NOVEMBER

*In seneca**

In seneca
das ist eine der werkstätten des friedens
wie greenham common und mutlangen
war ein gelähmter mann
der kroch unter dem zaun durch
seine freunde hievten den rollstuhl herüber
die polizisten hatten mühe
ihn festzunehmen

Es ist eine geschichte
die mich glücklich macht
weil ich noch nicht entdeckt hatte
dass auch ein rollstuhl
ein zeichen der treue
zur erde ist

Schwerter zu rollstühlen

16. NOVEMBER

Weg zum Frieden

Was wir tun, um die Gewaltkette zu zerbrechen, darf nicht selber Gewalt bedeuten und nicht im Gegensatz zum ersehnten Ziel der Gewaltfreiheit stehen. „Es gibt keinen Weg zum Frieden", sagt Mahatma Gandhi. „Der Friede ist der Weg." So einfach der Satz klingt, er stellt eine der wichtigsten und selbstverständlichsten Voraussetzungen unseres politischen Denkens infrage, die Unterscheidung von Zweck und Mitteln.

17. NOVEMBER

Hoffnung

...
Die hoffnung kennt tausendundeine geschichte
gegen gewalt
wir brauchen sie alle
...

18. NOVEMBER

Frieden

...
Da bleibt er dann
da spricht er die aufpasser frei
lässt die gefolterten vergessen
den hass macht er müde
die übermüdeten bringt er zum atmen
die zitternden zum schlafen
die träumenden zum handeln
die handelnden zum träumen
...

19. NOVEMBER

Gott der Gerechtigkeit

Meine persönliche Erfahrung ist, dass mein Vertrauen durch die Arbeit am befreienden Charakter der Bibel und meine Hoffnung auf Gott als Gott der Gerechtigkeit, worunter ich auch sexuelle Gerechtigkeit verstehe, durch die intensiv-kritische Beschäftigung mit der Bibel gewachsen ist. Und zwar gerade dann, wenn ich bestimmte Teile der Tradition radikal kritisieren muss.
Die Arbeit in den Befreiungsbewegungen für Frieden und Versöhnung mit der Schöpfung hat mich hungriger gemacht nach einem guten Gebrauch der Tradition.

20. NOVEMBER

Satt werden

…
Frieden sag ich wenn die hungernden satt werden
…

21. NOVEMBER

Wach

In der Bewegung für den Frieden war mein Glaube ganz wach, dass es eine Auferstehung vom Tod gibt, von dem Tod, in dem wir waren. Und dass es auch nach Niederlagen noch einen sinnvollen Kampf für den Frieden geben konnte.

22. NOVEMBER

Erstgeboren aus dem tod

…
Ich glaube an jesus
den erstgeborenen aus dem tode
sie konnten ihn nicht fertigmachen
er ist von den toten auferstanden
er verbindet uns mit den toten vor uns
um die wir trauern
und den toten neben uns
die wir nicht gerettet haben
sie alle sind unsere schwestern und brüder
auf dem kleinen planeten erde

Ich glaube an jesus christus
kind des lebens
eine schwester für alle menschen
die wahrheit die uns frei machen wird
von dem zwang auszubeuten
und aus dem tode profit zu schlagen

In christus spüren wir den geist des lebens
in einer todessüchtigen welt
wir stehen auf mit ihm zu kämpfen
zu leiden und unser leben zu geben
bis gott sei alles in allem
auf unsrem kleinen planeten erde

Amen

23. NOVEMBER

Geborgen

...
Lass uns wissen
dass wir in deinem tod geborgen sind
mit unseren niederlagen und unsern zweifeln
mit unserm schmerz und unserm sterben
...

24. NOVEMBER

Ursprung und Ziel

Der Ursprung ist zugleich das Ziel; da wir aus Gott kommen, gehen wir auch in Gott hinein; jeden Tag tun wir Schritte auf diese Wirklichkeit Gottes hin.

25. NOVEMBER

Am morgen beim aufwachen rüste ich mich

Am morgen beim aufwachen rüste ich mich
gegen die kälte
ich balle die füße vorsichtshalber
und ziehe die knie zum bauch
die luken und ritzen der decke verstopf ich
den atem entlass ich in stößen
um sicher zu sein dass das blut
in die entfernten kleinen kanäle kommt

Soll ich aufstehn
gegen die kälte
eine zudecke suchen vorsichtshalber
könnte ich doch meinem körper vertrauen
und so atmen lernen
dass nichts mich trennen kann
ich liege oder wache
von der großen wärme

Wäre es nicht besser ich überließe mich ganz
der großen kälte
die wenn der schnee kommt
sanft sein wird und ununterscheidbar
wenn ich mich nicht mehr wehre
wenn ich die angst lasse
wenn ich die hoffnung lasse
und ins freie gelange

Hinter die kälte
hinter die wärme
nach der ichlosigkeit
nach der gottlosigkeit

26. NOVEMBER

Versöhn uns

…
Versöhn uns gott mit dem natürlichen tod
er ist teil unseres lebens er wurde mit uns geboren
unser dunkler bruder
…

27. NOVEMBER

Ohne angst

…
Gibt es denn keine liebe auf erden
ohne angst vor dem sterben
…

28. NOVEMBER

Gehen

…
Das leben scheint nur
durch tod zu gehen
…

29. NOVEMBER

Human

Das Wissen, die Vorbereitung auf das Sterben, der Wunsch, das eigene Haus zu bestellen, das sind Versuche, den Tod zu humanisieren. So wie wir die menschliche Sexualität durch etwas, das wir Liebe nennen, humanisieren können, so ist das auch fürs Sterben möglich. Zur Gnade gehört aber Bewusstheit, die wir mit anderen teilen. Bewusstheit und Kommunikation, das ist mehr als der schnelle Tod, von dem wir träumen. Es müsste schön sein, in einem Land zu leben, wo niemand allein stirbt und niemandem die Würde des Sterbens angetastet wird.

30. NOVEMBER

*Singen unter tränen**

Als er im sterben lag
hat unser aller bruder der heilige franz
seine freunde gebeten zu singen
das große loblied auf die sonne
und schwester wasser und bruder feuer
die brüder sangen unter tränen
da fügte franziskus
vor der letzten strophe eine neue ein
ein loblied über den tod
er nannte ihn unsere schwester

Als unser freund hier an das lange sterben kam
hab ich mit franziskus gestritten
er ist doch ein gewalttäter
den du da lobst
er nimmt meinem freund die luft weg

und meiner freundin das zuhausesein
was heißt da schwester tod
lass doch die loberei sein

Franziskus hat mir nicht geantwortet
aber er hat vom himmel gesehen
wie freundinnen kamen zu helfen
beim sterben und beim weiterleben
er hat nichts gesagt
weil er nicht recht behalten musste
gegen die die mehr schwester waren
als der tod

Aber er hat auf das dunkel gezeigt
mit seinen durchbohrten händen
die dunkle nacht des alleinseins
die dunkle nacht des schweigens
er hat auf gottes versteck gezeigt
wie unser freund hier
ein schatten des lichts
auf das versteck des gewaltigen
den wir lieben werden
hat er gezeigt

DEZEMBER

Musik

Gerechtigkeit

Familie

Zeit

Natur

Begegnungen

Glauben

Reisen

Mystik

Sprache

Frieden

Erwartungen

1. DEZEMBER

Den Weg bereiten

Die Schönheit, der Glanz Gottes ist sichtbar in allen, die Gottes Weg bereiten.

2. DEZEMBER

Gott will in uns geboren werden

Die messianische Befreiungsarbeit wartet auf uns. Gott traut uns zu, dass wir den Weg des Messias bereiten. Gott sagt niemandem: Du bist nur eine kleine Hausfrau oder ein einfacher Angestellter und verstehst nichts von den komplizierten Notwendigkeiten. Bereitet den Weg Gottes, tröstet das Volk in seiner Ohnmacht, macht es zu den Straßenarbeitern am Weg Gottes! Keiner ist zu klug oder zu groß, keine ist zu jung oder zu alt, zu gebildet oder zu unwissend. – Wir alle sind von Gott beteiligt, Gott tröstet uns und wir bereiten Gottes Weg. Gottes Stimme ruft uns und wir antworten. Gott will in uns geboren werden – auch an Weihnachten.

3. DEZEMBER

*Eine begebenheit zwischen zwei frauen**

Keine ohren hatte die aufmerksame
kein lächeln die freundliche übrig
anfang mai vergaß die zuverlässige dinge
und die pünktliche kam eine stunde zu spät

Ich fing an die veränderungen zu notieren
ich häufte meinen kleinen ärger zusammen
als wär ich eine maschine die aufleuchtet
wenn etwas nicht stimmt

Bis karen ehe ich noch zum reden kam
von den mundwinkeln ausgehend lächelte
und in ihrer wissenschaftlichen art bemerkte
vorbehaltlich der testergebnisse
sei es nicht auszuschließen
dass sie um weihnachten herum
sie sei sich da ziemlich sicher
weil sie sich in der u-bahn mehrfach übergeben musste
ein kind bekäme
da hab ich mich sehr geschämt
weil ich es nicht gesehen hatte
und meiner vergesslichkeit wegen
als wär ich im tüchtigen leben ein mann geworden

Aber je mehr ich mich schämte
desto mehr freute ich mich
karen bekam ein jungesmädchengesicht
und ich ein paar großmutterfalten

4. DEZEMBER

Jesu Einzug in Jerusalem

Jesus kommt nach Jerusalem, um dem jüdischen Brauch entsprechend das Passahfest zu feiern. Das Fest erinnert an den Auszug des Volkes Israel aus der Sklaverei in Ägypten, es ist beiden Religionen, dem Judentum und dem Christentum, der Mutter- und der Tochterreligion, gemeinsam. Die Tochter mit der Mutter zu versöhnen ist eines der wichtigsten Ziele meines theologischen Denkens.
Wir erinnern uns an den Tag des Einzugs in die heilige Stadt. „Einzug" ist ein großes und einigermaßen feierliches Wort. Die damaligen Herrscher kamen auf einem prunkvoll geschmückten Schlachtross.
Was bedeutet der Esel, den Jesus sich aussucht? Auch dieser merkwürdige Ritt auf dem Eselchen geht auf die Schrift zurück. Beim Propheten Sacharja, der sich an Jesus anlehnt, heißt es: „Aber du, Tochter Zion, freue dich sehr, und du, Tochter Jerusalem, jauchze! Siehe, dein König kommt zu dir, ein Gerechter und ein Helfer, arm und reitet auf einem Esel und auf einem jungen Füllen der Eselin" (Sacharja 9,9). Esel waren die Reittiere der Armen, und der von Jesus war offenbar halb geliehen und halb gestohlen! Der Eselbesitzer war wohl ein Freund Jesu.

5. DEZEMBER

Umgeben von Armen

Jesus ist von Armen und zweifelhaften Leuten umgeben bei seinem Einzug nach Jerusalem. Sie legen ihre miesen, zerrissenen Kleider auf das Eselchen, sie werfen sie auf die Straße. Er reitet ein in die mächtige, die hoch gebaute Stadt, und die Menschen erinnern sich an die alte Weissagung. Man kann die Erfüllung fast als komisch verstehen, der Trost und Retter Israels strahlt nichts von Unverwundbarkeit, Stärke oder Gottesmacht aus.

6. DEZEMBER - NIKOLAUSTAG

*Lob in der schrecklichen weihnachtszeit**

Als der regen auf die roten mäntel der weihnachtsmänner fiel
und sie bonbons aus ihren säcken holten
und die kinder ihre eiligen mütter festhielten
und mir mir mich schrien vor dem kaufhaus

Gingen hinter mir zwei jungen
bei uns in chile ich traute meinen ohren nicht
sind die weihnachtsmänner viel größer
und der nikolaus holt alles runter ganz viel

Ich drehte mich um und sah einen menschen von zwölf
jahren mit schwarzen locken
er sagte in klarem deutsch zu dem blonden
alle kriegen was verstehst du keiner
kriegt nichts verstehst du gar keiner

Dies ist eine wahre geschichte aus hamburg-altona
und drei gründe auf einmal
gott zu loben
für das gloria keiner kriegt nix gar keiner
für den engel im anorak
für das chile das war

Für das chile das sein wird

7. DEZEMBER

Das Loblied der Maria

Es war eine explosive Gegend, in der Maria aufwuchs. Das Loblied, das sie später – zusammengestellt aus den Worten der hebräischen Bibel – sang, das Magnifikat, handelt von der Macht und Unterdrückung, vom Hungern und vom Sattwerden, von Gottes Handeln an den Elenden.
Es ist nicht nur der persönliche Lobgesang der begnadeten einzelnen Frau, deren „Niedrigkeit Gott angesehen hat", es ist das Lied ihres Volkes – und das Glück des Volkes wird, wie immer in der Bibel, an denen abgelesen, die am niedrigsten stehen.

8. DEZEMBER – MARIÄ EMPFÄNGNIS

Lob der freundschaft

...
Und was
    tut david ohne jonathan
    und karl marx ohne engels
    und maria ohne elisabeth
    und che guevara ohne fidel
und was
    wird aus uns allen
    ohne bob und sidney brown

Freundschaft ist
    wenn abraham mit gott handelt
    um die stadt sodom zu retten
    wenn er den erhabenen herunterbringt
    von fünfzig auf zehn gerechte
    aus freundschaft

freundschaft ist
wenn die fischer die netze weglegen
und ziemlich ahnungslos mitgehen
am anfang der organisation und des kampfes
das ende des ziellosen lebens
aus freundschaft
freundschaft ist
wenn maria elisabeth aufsucht
und bleibt bis die zeit zum abtreiben
vorbei ist das würgen am morgen zu ende
etwas neues wird kommen für alle
aus freundschaft
...

9. DEZEMBER

Christus ist verwundbar

Transzendenz macht verwundbar, das gilt wohl für alle Religionen, aber vielleicht ist es im Christentum auf die Spitze getrieben. Gott macht sich verwundbar, er zieht auf einem Esel ein. Das männische Ideal der Unverwundbarkeit steht dem Gekreuzigten, der von seinen Freundinnen und Freunden als Sohn Gottes erfahren wurde, wie eine Fratze des Lebens gegenüber. Christus ist die Wunde Gottes in der Welt, er ist über den Esel und die Lumpenkleider hinausgewachsen. Er braucht uns, jede und jeden von uns.

10. DEZEMBER

Verwundbarkeit des Herzens

Im Glauben geht es nicht um eine Sentimentalität. Und wir brauchen diese Verwundbarkeit des Herzens, wenn wir noch ahnen, dass jedes verhungernde Kind Christus ist und niemand anderes. Wenn wir eine innere Beziehung zu Christus haben, dann brauchen wir nicht eine Hornhaut, nicht eine Rüstung, sondern eine Verwundbarkeit, die in jedem dieser überflüssigen Menschen Christus sieht, in Lumpen auf dem Esel, diesen erfolglosen Träumer, in dem sich Gott verbirgt. Die Liebe sieht ihn.

11. DEZEMBER

*Vergleiche ihn ruhig mit anderen größen**

Vergleiche ihn ruhig mit anderen größen
sokrates
rosa luxemburg
gandhi
er hält das aus
besser ist allerdings
du vergleichst ihn
mit dir

12. DEZEMBER

*Beten**

...
Ich höre von einem mann
der jeden tag für gott und jesus betet
und auf befragen hinzufügt
dass sie nicht so allein seien
...

13. DEZEMBER

Marias Mantel

Die wichtigsten Rollen der Maria in der Volksfrömmigkeit sind die der tatkräftig einschreitenden Hilfe und der Fürbitte, der Fürsprache, ja des Einspruchs. Weil sie selber Mutter ist, ist das mütterliche Verstehen in ihr und die Annäherung an sie viel leichter als an den oft als rigoros gefürchteten Gott. In vielen Bildern und Skulpturen breitet Maria einen riesigen Mantel über eine große Menschenmenge.

14. DEZEMBER

*Weihnachtsgebet**

Wir wollen beten um das licht
das in die finsternis der welt
und in die finsternis unserer herzen scheint
...
Lass dein licht leuchten
allen einsamen in der welt
allen alleingelassenen und hinterbliebenen
allen jungen menschen die sich nicht zu hause fühlen
und allen verlassenen frauen
lass uns nicht an ihnen vorbeisehen
sondern dein licht des trostes verbreiten
lass die einsamen wissen dass keiner allein ist
nicht im schmerz
nicht in der depression
nicht in der niederlage um der gerechtigkeit willen
lass uns alle dein licht sehen
damit wir selber licht werden
mach uns stark in deinem licht
der gewaltfreiheit

des gedächtnisses
der solidarität
und lass uns beten wie dein lichter sohn uns gelehrt hat

Unser vater

Gott segne uns und behüte uns
das licht von bethlehem scheine in unseren herzen
und dringe vor aus dem elendsstall
bis in die paläste
wir sind das licht der welt
geht hin frieden zu schaffen

15. DEZEMBER

Hügel und Täler

„Es ruft eine Stimme: In der Wüste bereitet dem Herrn den Weg, macht in der Steppe eine ebene Bahn unserm Gott! Alle Täler sollen erhöht werden, und alle Berge und Hügel sollen erniedrigt werden und was uneben ist, soll gerade und was hügelig ist, soll eben werden." Es muss die Unbegehbarkeit der Welt anders werden, damit der Messias kommen kann. Unbegehbar ist die Welt der sozialen Ungerechtigkeit. Die Hügel und Täler, die gleichgemacht werden sollen, sind die sozialen Unterschiede, die Kluft zwischen denen, die ärmer werden müssen, und denen, die reicher werden müssen, weil deren Kinder schon vor der Geburt zum Hungertod verurteilt sind.

16. DEZEMBER

Weg zum Frieden

Angesichts dieser Hügel und dieser Täler ist es die Aufgabe des Volkes Gottes, den Weg des Herrn zu bereiten. Was soll das sein? Eine Autobahn für den Messias? Eine Gleichmacherei, vor der wir doch alle nichts als Angst haben? Auch zur Zeit des zweiten Jesaja hatten die Reichen, die Hügel und die Berge, etwas gegen die Einebnung. Sie wollten ihre Privilegien lieber behalten. Aber der Messias kommt auf keinem anderen Weg als dem der Gerechtigkeit. Es gibt keinen Trost ohne diese ebene Bahn. Es gibt keinen Frieden mit diesem Weltwirtschaftssystem, das die Armen ausplündert. Der Weg Gottes wird von den Feinden Gottes als „Gleichmacherei" diffamiert. Aber es ist der Weg des Überlebens für alle. Solange unsere Banken die Armen erwürgen und den Schuldnern nicht ihre Schulden erlassen, kann es keinen Frieden geben.

17. DEZEMBER

*Weihnachten 1990**

Zweihunderttausend weihnachtsbäumchen
jedes fünfzehn zentimeter hoch
sind in die golfregion geflogen worden
für amerikanische soldaten
wann werden die kerzen angesteckt
und für welche kinder
werden sie brennen
und wie viel kinder werden es sein
bei der bescherung

Von Gott vergessen?

In der Tradition bedeutete Fruchtbarkeit Altersversorgung und Segen, und Unfruchtbarkeit wurde erlebt als ein Von-Gott-Vergessensein. Auch Joachim und Anna, die Eltern der Maria, haben Anteil an dieser Tradition. Sie waren zwanzig Jahre lang verheiratet, ohne Kinder zu bekommen. Das war für beide ein jeden Tag gefühltes und erfahrenes Unglück. Es war nicht nur ein Kummer des Herzens, es war auch eine Schande in der Gemeinschaft. Frauen wurden ausgelacht und verhöhnt, wie die kinderlose Hanna, die spätere Mutter von Samuel. Und Joachim, der spätere Vater der Maria, wurde, als er ein Brandopfer im Tempel bringen wollte, ausgeschlossen, ja, als ein Verfluchter verstoßen. Er ging in seinem Kummer in die Wüste. Anna lief mit Tränen in den Augen in den Garten. Eine Sage erzählt, dass sie dort ein Vogelnest gesehen habe, mit jungen Vögeln, die gerade ausgeschlüpft waren. Da soll sie Gott geklagt haben: „Herrscher des Himmels und der Erde, warum versagst du mir das, was du doch selbst den Vögeln des Himmels schenkst?“ Mit einem Mal erschien ihr ein Engel und verhieß ihr ein Kind, ein Mädchen. Das war ... Mirjam, Maria, Mary, Marie, Marija, die Frau, deren Namen ungezählte Frauen später tragen sollten.

19. DEZEMBER

Ein Mädchen?

Als junge Religionslehrerin fragte ich einmal die Schulkinder, ob sie meinten, dass das Jesuskind auch nasse Windeln hatte. Die meisten kleinen Mädchen lehnten das entschieden ab! Jesus, auch schon das Christkind, muss anders, höher, reiner sein. Meine eigenen Kinder glaubten lange Zeit, das Christkind sei ein Mädchen. Diese Art Kinderreligion ist zwar erfreulich in ihrem Gefühl dafür, dass Jesus beides, das Männliche und das Weibliche, verkörpert. Aber es deutet sich darin auch die Vorstellung von einem Unwirklichen, Geschlechtslosen an – als sei Jesus eben nicht ein richtiger, gewöhnlicher Mensch wie wir alle.

20. DEZEMBER

Kraft der Hoffnung

Unsere Beziehung zu den großen Traditionen, in die Maria hineingehört, wird steril, wenn wir die tausend Bilder ästhetisch an uns vorüberziehen lassen, ohne den religiösen Grund, auf dem sie gewachsen sind, in Betracht zu ziehen. Ein wirkliches Verständnis braucht vielleicht die Kraft der Hoffnung auf Heilung auch in unserer Welt, zumindest aber eine Ahnung von dem „unnennbar Süßen“, das sich immer wieder in den Bildern und Legenden aufgetan hat.

21. DEZEMBER

*Die vollkommene klarheit**

…
Als die hirten den engel sahen
bei bethlehem
wussten sie vollkommen deutlich
was tun und was lassen
furcht und verwirrung fielen ab
die klarheit des lichts war um sie
in der zeit
außerhalb jeder zeit
…

22. DEZEMBER

Falscher und echter Friede

Schon bei Jeremia gibt es eine Kritik der falschen Friedenspropaganda: „Und sie heilen den Schaden meines Volkes leichthin, indem sie sagen ‚Friede, Friede' – doch wo ist Friede? In Schande stehen sie da, denn sie haben Greuel verübt. Doch Scham kennen sie nicht, wissen nicht von Beschämung" (Jeremia 6,14).
Dieses „Friede, Friede" oder „Wir sind ja alle für den Frieden" kennen wir. Friedenspropaganda war auch im Römischen Reich notwendig als Teil der herrschenden Beschwichtigung; die Realität sah anders aus.

Gegen diese Art von Frieden der Pax Romana wird in der Geschichte von der Geburt Jesu Christi in Lukas 2 der Friede Gottes gestellt.

23. DEZEMBER

Friede beginnt im Stall

„Friede auf Erden und den Menschen ein Wohlgefallen“ (Lukas 2,14), sagt der Engel, aber nicht den Fürsten und Herrschern, sondern den landlosen Proletariern, die wir meistens romantisierend „Hirten“ nennen. Sie besaßen nichts, die Herden waren ihnen nur anvertraut, sie gehörten zu den Armen, die vor Schreck zittern, wenn man sie nur anspricht. „Sie fürchteten sich sehr“ (Lukas 2,9). Das ist oft rein religiös interpretiert worden; ich würde es eher deuten als Ausdruck der Angst der Unterworfenen vor allen, die größer, höher oder stärker sind. Diesen Elenden wird ein anderer Friede versprochen, „Friede auf Erden den Menschen, an denen Gott Wohlgefallen hat“. Ein Frieden, der nicht im Jenseits stattfindet und auch nicht nur für die einzelne Seele da ist, sondern Friede auf dieser Erde. Der Schalom Gottes ist ein Frieden, den der Jude Jesus jüdisch, das bedeutet gerechtigkeitsbezogen, gedacht hat. Die Pax Christi, wie die Tradition diesen Schalom später nennen wird, steht in Lukas 2 in einem klaren Gegensatz zur Pax Romana. Sie kommt nicht aus dem fernen erhabenen Rom des Kaisers über seine Vögte und Zwingherren herunter, sondern sie beginnt bei den Armen: Ihnen wird ein anderes Leben versprochen. Nicht im Palast beginnt der Friede, sondern im Stall.

24. DEZEMBER – HEILIGABEND

*In dieser nacht**

In dieser nacht
verließen die sterne ihre angestammten plätze
und zündeten lärmfeuer an
überschallschnell

In dieser nacht
verließen die hirten ihre arbeitsstellen
und schrien sich in die verkrusteten ohren
die neuen parolen

In dieser nacht
verließen die füchse die wärmenden höhlen
und der löwe wiegte den kopf
das ist das ende
die revolution

In dieser nacht
liefen die rosen der erde davon
und fingen das blühen an
im schnee

25. DEZEMBER – 1. WEIHNACHTSTAG

Staunen und Wundern

Eigenartigerweise hat Maria in diesem apokryphen Bericht des Jacobus die Verkündigung des Erzengels ganz vergessen. Es heißt da: „Maria aber hatte die Geheimnisse längst vergessen, von denen der Erzengel Gabriel ihr gesprochen hatte, und blickte auf zum Himmel und sprach:

‚Wer bin ich, Herr, dass alle Geschlechter der Erde mir Segen wünschen?'" Sie staunt, sie wundert sich und scheint nicht zu wissen, was mit ihr geschehen ist.

26. DEZEMBER – 2. WEIHNACHTSTAG

Der stern

...
Der wolkeluftundwindeherr hat ein kind gern gemocht
das schrie und war nicht warm zugedeckt dort
für alle welt
und ihm zum geburtstag geschenkt
weil ihm nichts besseres einfiel
einen gewöhnlichen mittelgroßen stern
zu diesem einzigen zweck
dass es heller wäre etwas
in bethlehem
das liegt bei duisburg
...

27. DEZEMBER

Gottes Handeln

So weit die antike Geschichte. Könnte es nicht auch ganz anders gewesen sein? Könnte der Engel, hörbar zwar innen, unsichtbar bleiben? Könnten seine Worte, einmal gehört, dann wieder zurücktreten und vergessen sein? Und bliebe das Wunder der Geburt nicht ebenso Gottes Handeln?

28. DEZEMBER

C+M+B

…
Also begaben sie sich
auf den mühseligen weg der erforschung
unbekannter unordnung
in die welt gekommen
mittels licht

Gelang es den stern zu erklären
gingen sie nach hause
im bewusstsein größerer ordnung
reisen sie noch
den planlosen verwirrungen
himmels und der erden nach
haben sie die unvermutete helle
dem gewöhnlichen zwielicht angepasst
oder bestand da die möglichkeit
dass sie sich anpassten
dem erstaunlichen licht
ließ es sich benutzen wozu
sahen sie mehr angekommen
und dies vor allem
veränderten sich
die es sahen
die berichte sind karg und
anhaltspunkte nur dürftig
aber gesetzt das letzte wäre der fall
ich würde die reisenden loben
mich ihrer freuen und
so es noch leuchtet das ungewöhnliche licht
ansehen lange und öfters
um ihretwillen
mit der dringlichen hoffnung
auf veränderung
…

29. DEZEMBER

Kein versteck

...
Nur das kind des menschen
hat keinen fleck erde
keinen schlafplatz
keinen gültigen ausweis
kein versteck vor den mächtigen
keine höhle gegen den wind
und die gewalt
...

30. DEZEMBER

Dank

Das schönste Echo steckt in einem kurzen Brief, den ich vor Kurzem erhielt: „Liebe Frau Sölle! Ich bin ein psychisch behinderter Mensch. In Ihren Büchern jedoch fand ich über Jahre Inhalte, die mir halfen, meinen Glauben an meine von vielen getretene menschliche Würde niemals gänzlich zu verlieren. – Dafür möchte ich Ihnen an diesem Weihnachten endlich einmal danken!"

*Zeitansage**

Es kommt eine zeit
da wird man den sommer gottes kommen sehen
die waffenhändler machen bankrott
die autos füllen die schrotthalden
und wir pflanzen jede einen baum

Es kommt eine zeit
da haben alle genug zu tun
und bauen die gärten chemiefrei wieder auf
in den arbeitsämtern wirst du
ältere leute summen und pfeifen hören

Es kommt eine zeit
da werden wir viel zu lachen haben
und gott wenig zu weinen
die engel spielen klarinette
und die frösche quaken die halbe nacht

Und weil wir nicht wissen
wann sie beginnt
helfen wir jetzt schon
allen engeln und fröschen
beim lobe gottes

Ich möchte mit dir gedächtnis haben

UND DEN MORGEN LAND DEN WIR NOCH BRAUCHEN

Dieses Jahreslesebuch aus dem Werk Dorothee Sölles möchte ihre Stimme, ihre Gedanken und Träume wach halten. Es bietet für jeden Tag einen Aspekt ihres Denkens an, anstößige, heitere, richtungsweisende, aufrüttelnde und spirituelle Texte. Es stellt den Versuch dar, „Gedächtnis" mit Dorothee Sölles „zu haben". „Gedächtnis" mit Dorothee Sölle ist immer verknüpft mit dem „morgen land, den wir noch brauchen", mit dem Blick auf die Zukunft, mit dem Hinweis auf das, was noch vor uns liegt.

Sieben Jahre nach ihrem Tod – sie wäre im September 2009 achtzig Jahre alt geworden – treffen ihre Worte auf eine Gesellschaft, in der sich verstärkt unverbundene Lebenswelten ausbilden. Gleichzeitig suchen Menschen nach Orientierung, nach Sinn, nach Gott. Wer sich in das Werk Dorothee Sölles vertieft, nimmt wahr, wie sich in ihren frühen Schriften die polarisierte Auseinandersetzung mit politischen Fragestellungen widerspiegelt. Darf Theologie politisch sein? Das war eine in den ersten Jahrzehnten nach dem Zweiten Weltkrieg heiß umstrittene Frage, die Sölle immer eindeutig mit ja beantwortete: Sie muss politisch sein. Heute stellt sich eher die Frage: Hat die Theologie der Politik etwas zu sagen? Darf sie etwas sagen? Wird ihre Stimme überhaupt gehört unter den vielen Stimmen, die zu hören sind?

In der Zeit der Entstehung dieses Buches verkündigt ein schwarzer Präsident Amerikas, dass die Atomwaffen weltweit abgeschafft werden sollen, spricht ein deutscher Außenminister anlässlich eines Ostermarsches davon, dass es keine atomare Rüstung mehr geben soll.

Dorothee Sölles Traum geht in Erfüllung, möchte man denken. Was sie vor dreißig Jahren formuliert und gefordert hat, wofür sie bitter angegriffen wurde, ist inzwischen politikfähig, ja Weltpolitik geworden.

Aber viele der Fragestellungen ihres politischen Denkens sind auch offen geblieben. Die ungerechte Verteilung der Güter auf dieser Welt, die Armut der südlichen Länder, die ungebrochene Macht der Banken, die sich fortsetzende Zerstörung des Planeten Erde durch den Menschen sind bisher nicht aufgehalten. Dass bei diesen globalen Herausforderungen, unter denen Menschen Furchtbares leiden, der Glaube eine fortwährende Quelle der Kraft ist, die nicht verzweifeln lässt, dafür sprechen Dorothee Sölles Texte. Es ist diese Kraft, die zum Handeln ermutigt, die notwendige Antworten auf die politischen Fragen gibt. Dorothee Sölles Texte sind daher auch heute Aufruf und Wegweisung. Sie ermutigen zum Engagement und verbinden mit dem Ursprung und Ziel jeden Lebens.

Dorothee Sölle bezog in ihre theologischen Gedanken Beispiele ein aus der Musik, aus der Natur, aus den Begegnungen mit Menschen. Dieses Jahreslesebuch nimmt solche Zweige ihrer Gedanken auf und macht sie zu Leitlinien, die durch die Monate führen. Wie ist unser Verhältnis zur Zeit, was lernen wir aus der Geschichte, auf welchen Reisen und wo auf der Erde gab es prägende Eindrücke, was lässt sich mit Sprache beschreiben und was nicht? Das sind Themenstränge, die ihr Werk durchziehen neben großen Themen wie Gerechtigkeit, Glauben, Mystik und Frieden. Ergänzt werden diese Themenstränge durch persönliche Texte aus ihrer familiären Biografie und durch Überlegungen zum Thema Erwartung in der Advents- und Weihnachtszeit. Die kurzen und längeren Zitate aus Prosatexten erhalten ein poetisches Gegenüber aus den Gedichten, deren literarischer Reichtum und deren Schönheit sich bei der Suche nach Texten zu diesen Themen wieder entfaltet hat.

Die hier wiedergegebenen Textausschnitte sollen neugierig machen auf ihr gesamtes Werk. Beim Lesen von Dorothee Sölles Texten kommt unvermittelt ihre eindrucksvolle Stimme in Erinnerung, die leidenschaftlich auf Missstände hinwies, mitunter erschreckend konkret wurde und auch vor Tabus nicht zurückschreckte. Welchen ihrer Gedanken würde sie heute betonen, ins Gedächtnis rufen und in einer Sammlung aufnehmen lassen? Wir können sie nicht mehr fragen. An dieser Stelle herzlichen Dank für Hinweise von Fulbert Steffensky auf thematische Schwerpunkte. Dank auch an meine Freundin Birte Petersen für ihr Mitdenken und Gegenreden, ihre Unterstützung und Geduld.

Gesucht wurde nach Worten und Gedanken, die Dorothee Sölle uns heutigen Menschen mitgeben würde, die ihren eigenen inhaltlichen und geschichtlichen Hintergrund vermitteln und zu unseren aktuellen Fragen passen.

Ihre aufrüttelnden Fragen, ihre Hoffnungsgedanken sind ein Stück von jenem „morgen land den wir noch brauchen", der in die Zukunft weist, der uns heutigen Leserinnen und Lesern bleibt, wenn wir ihre Worte reflektieren und fragen: Was hat ihre damals mahnende Stimme, was haben ihre in die Zukunft gerichteten Gedanken uns heute zu sagen? Zu welcher Vision würde sie uns heute ermutigen, zu welchen Aktionen würden wir aufgerufen?

Dorothee Sölles Erbe scheint sieben Jahre nach ihrem Tod wie eine immer entfernter werdende Stimme. Ihre Gedanken, ihre Impulse werden jedoch noch heute von vielen Menschen weiter getragen, die ihre Bücher lesen, die sie erinnern und sich ihre Anliegen zu eigen machen. Wer mit Dorothee Sölles Denken umgeht, soll sich nicht nur mit der Erinnerung an sie begnügen. Die Texte sollen das Gedächtnis an ihr Werk fördern und nach dem „morgen land" suchen lassen, „den wir noch brauchen". Sie sollen zu dem Handeln ermutigen, das aus der Inspiration folgt, die nicht endende Arbeit an einem guten Leben für alle.

Bettina Hertel

Quellenverzeichnis

Vollständige biografische Angaben mit Copyright-Vermerken siehe S. 237f.

JANUAR

1.1. Den Himmel erden 212
2.1. Maria 57-59
3.1. Maria 59
4.1. Loben ohne Lügen 24
5.1. Aus: Wie spatzen sind meine wünsche, in: Spiel doch 16
6.1. Aus: Die könige, in: Meditationen & Gebrauchstexte 32
7.1. Das Fenster der Verwundbarkeit 269
8.1. O Grün des Fingers Gottes 55
9.1. Aus: Ein gegenpsalm zu psalm 104, in: Loben ohne Lügen 42
10.1. Gewalt, 199
11.1. Das Fenster der Verwundbarkeit 235f.
12.1. Zivil und ungehorsam 31
13.1. Den Himmel erden 213f.
14.1. Spiel doch 85
15.1. Aus: Über den übergang deiner stimme am telefon , in: Loben ohne Lügen 91
16.1. Aus: Ein gedicht von der eiszeit, in: Fliegen lernen 77
17.1. Gegenwind 113
18.1. Aus: Freie Zeit, in: Zivil und ungehorsam 23
19.1. Mystik und Widerstand 370
20.1. Gegenwind 120
21.1. Den Himmel erden 234
22.1. Aus: Gebet nach dem neunzigsten psalm, in: Zivil und ungehorsam 61
23.1. Den Himmel erden 259
24.1. Verrückt nach Licht 11
25.1. Den Himmel erden 266f.
26.1. A.a.O. 214
27.1. Gegenwind 16
28.1. Die revolutionäre Geduld 31
29.1. Aus: Beethoven klaviersonate in f-moll, in: Verrückt nach Licht 63
30.1. Den Himmel erden 219f.
31.1. Loben ohne Lügen 106

FEBRUAR

1.2. Gegenwind 242
2.2. Löse die Fesseln 170f.
3.2. Aus: Gebet nach dem neunzigsten psalm, in: Zivil und ungehorsam 61
4.2. Mystik und Widerstand 351f.
5.2. A.a.O. 173
6.2. Es muss doch mehr 102
7.2. Mystik und Widerstand 352f.

8.2. Aus: Die ernährungsstörungen nehmen zu, in: Spiel doch 17
9.2. Es muss doch mehr 92
10.2. Aus: Erinnere dich an die bäume, in: Zivil und ungehorsam 117
11.2. Es muss doch mehr 88-90
12.2. Mystik und Widerstand 221
13.2. Gott denken 245f.
14.2. A.a.O. 199
15.2. Aus: Ein sohn des lebens, in: Loben ohne Lügen 8
16.2. Gegenwind 92
17.2. Wider den Luxus 37
18.2. Gott denken 181
19.2. Aus: Gegenreden, in: Loben ohne Lügen 74f.
20.2. Gott denken 55
21.2. A.a.O. 181
22.2. A.a.O. 70f.
23.2. Wider den Luxus 118
24.2. Aus: Deine leuchtende stimme, in: Loben ohne Lügen 108
25.2. Mystik und Widerstand 370
26.2. Gott denken 47
27.2. A.a.O. 71f.
28.2. Loben ohne Lügen 13
29.2. Aus: Als er kam, in: Meditationen & Gebrauchstexte 10

MÄRZ

1.3. Aus: Offene hände, in: Loben ohne Lügen 36
2.3. Löse die Fesseln 167
3.3. Aus: Ein leeres kinderzimmer, in: Loben ohne Lügen 105
4.3. Löse die Fesseln 25
5.3. Spiel doch 81
6.3. Und ist noch nicht erschienen 201
7.3. Aus: Spaziergang mit martin, in: Zivil und ungehorsam 131
8.3. Gegenwind 199f.
9.3. Verrückt nach Licht 51
10.3. Gegenwind 138f.
11.3. Zivil und ungehorsam 37
12.3. Gegenwind 141
13.3. Loben ohne Lügen 49
14.3. Wider den Luxus 125
15.3. Aus: Meine schwester, in: Verrückt nach Licht 54
16.3. Und ist noch nicht erschienen 188
17.3. Aus: Geschichten von gestorbenen, in: Loben ohne Lügen 48
18.3. Gegenwind 308
19.3. Loben ohne Lügen 60
20.3. Den Himmel erden 239
21.3. Aus: An eine junge frau die ihren mann verlässt, in: Verrückt nach Licht 59
22.3. Gegenwind 170
23.3. Zivil und ungehorsam 54

24.3. Gegenwind 186
25.3. Aus: Schön ist die liebe, in: Zivil und ungehorsam 91
26.3. Das Fenster der Verwundbarkeit 245
27.3. Aus: Weitere gründe gott zu loben, in: Fliegen lernen 18
28.3. Gegenwind 186
29.3. Aus: Vom gegner lernen, in: Fliegen lernen 3
30.3. Das Fenster der Verwundbarkeit 251f.
31.3. Spiel doch 121

APRIL

1.4. Aus: Ich reise herum über gott zu reden, in: Spiel doch 108
2.4. Mystik und Widerstand 224
3.4. Aus: Drei arten zu trauern, in: Spiel doch 104
4.4. Es muss doch mehr 107
5.4. Aus: Karsamstag 81, in: Spiel doch 111
6.4. Aus: Das tägliche brot der ermutigung, in: Zivil und ungehorsam 73
7.4. Mystik und Widerstand 210f.
8.4. Träume mich Gott 298
9.4. Aus: Gebet nach dem neunzigsten psalm, in: Zivil und ungehorsam 60
10.4. Gegenwind 246
11.4. Zivil und ungehorsam 77
12.4. Gegenwind 252
13.4. Aus: Man hat uns oft für schwestern gehalten, in: Spiel doch 55
14.4. Aus: Trennung, in: Fliegen lernen 42
15.4. Das Fenster der Verwundbarkeit 325f.
16.4. Mutanfälle 231f.
17.4. Aus: Der lange marsch, in: Die revolutionäre Geduld 20
18.4. Mutanfälle 237
19.4. Mystik des Todes 73
20.4. Zivil und ungehorsam 32
21.4. Mystik des Todes 74f.
22.4. Zivil und ungehorsam 88
23.4. Den Himmel erden 243
24.4. Aus: Früher morgen in Maine, in: Spiel doch 48
25.4. Gegenwind 301
26.4. Aus: Erinnere dich an die bäume, in: Zivil und ungehorsam 121
27.4. Aus: Gebet nach dem neunzigsten psalm, in: Zivil und ungehorsam 60
28.4. Das Fenster der Verwundbarkeit 226
29.4. Träume mich Gott 352
30.4. Spiel doch 68

MAI

1.5. Es muss doch mehr 112f.
2.5. Lieben und arbeiten 12
3.5. Es muss doch mehr 92
4.5. Aus: Erinnere dich an die bäume, in: Zivil und ungehorsam 117
5.5. Den Himmel erden 209

6.5. Verrückt nach Licht 30
7.5. Mystik und Widerstand 206f.
8.5. Den Himmel erden 213
9.5. Aus: Erinnere dich an die bäume, in: Zivil und ungehorsam 118f.
10.5. Das Fenster der Verwundbarkeit 291
11.5. Loben ohne Lügen 37
12.5. Das Fenster der Verwundbarkeit 245
13.5. Fliegen lernen 80
14.5. O Grün des Fingers Gottes 59
15.5. Mystik und Widerstand 237
16.5. Verrückt nach Licht 161
17.5. O Grün des Fingers Gottes 57
18.5. Aus: Tränen der schöpfung, in: Zivil und ungehorsam 126
19.5. Den Himmel erden 216
20.5. Spiel doch 6
21.5. Das Fenster der Verwundbarkeit 228
22.5. Aus: Nach osten fliegend, in: Fliegen lernen 16
23.5. Maria 42
24.5. Aus: Die tränen der schöpfung, in: Zivil und ungehorsam 130
25.5. Träume mich Gott 310f.
26.5. Verrückt nach Licht 102
27.5. Den Himmel erden 220
28.5. A.a.O. 217
29.5. Fliegen lernen 49
30.5. Es muss doch mehr 112
31.5. Verrückt nach Licht 95

JUNI

1.6. Aus: Heute hat mir ein freund, in: Fliegen lernen 8
2.6. Aus: Lob der freundschaft 2, in: Zivil und ungehorsam 83
3.6. Gegenwind 44
4.6. Die revolutionäre Geduld 24
5.6. Löse die Fesseln 169f.
6.6. Loben ohne Lügen 83
7.6. Gegenwind 193
8.6. Zivil und ungehorsam 147
9.6. Gegenwind 177
10.6. Aus: Ein psalm von der lower east side manhattans, in: Verrückt nach Licht 67
11.6. Löse die Fesseln 170
12.6. Es muss doch mehr 53
13.6. Loben ohne Lügen 90
14.6. O Grün des Fingers Gottes 49f.
15.6. Gegenwind 107
16.6. Aus: Eine meditative collage, in: Loben ohne Lügen 20
17.6. O Grün des Fingers Gottes 53
18.6. Loben ohne Lügen 47
19.6. Gegenwind 185

20.6. Zivil und ungehorsam 85
21.6. Aus: Geschichten von gestorbenen, in: Loben ohne Lügen 48
22.6. Gegenwind 178
23.6. Spiel doch 47
24.6. Loben ohne Lügen 54
25.6. Löse die Fesseln 166f.
26.6. Gegenwind 306
27.6. Aus: Ein entfernter verwandter, in: Loben ohne Lügen 53
28.6. Verrückt nach Licht 149
29.6. Das Eis der Seele spalten 233-236
30.6. Spiel doch 82

JULI

1.7. Aus: Deine stimme genosse, in: Spiel doch 30
2.7. Löse die Fesseln 168f.
3.7. Aus: Als er kam, in: Meditationen & Gebrauchstexte 19
4.7. Löse die Fesseln 171
5.7. Ebd.
6.7. Loben ohne Lügen 43
7.7. Gegenwind 158
8.7. Loben ohne Lügen 26
9.7. Träume mich Gott 301
10.7. Spiel doch 57
11.7. Mystik und Widerstand 184
12.7. Fliegen lernen 20
13.7. Gegenwind 190
14.7. Aus: Antwort auf die frage der linken freunde warum wir beten, in: Meditationen & Gebrauchstexte 26f.
15.7. Löse die Fesseln 225
16.7. Ebd.
17.7. Zivil und ungehorsam 5
18.7. Gegenwind 186
19.7. Loben ohne Lügen 11
20.7. Gott denken 117
21.7. Zivil und ungehorsam 106
22.7. Es muss doch mehr 74
23.7. A.a.O. 74f.
24.7. Aus: Das tägliche brot der ermutigung, in: Zivil und ungehorsam 74
25.7. Aus: Antwort auf die frage ob das christentum etwas befreiendes für mich habe, in: Spiel doch 112
26.7. Löse die Fesseln 210
27.7. Aus: Minderheiten, in: Loben ohne Lügen 14
28.7. Große Frauen 63
29.7. Fliegen lernen 6
30.7. Aus: Jetzt habe ich mir vorgenommen, in: A.a.O. 7
31.7. Spiel doch 122

AUGUST

1.8. Aus: Ich reise herum über gott zu reden, in: Spiel doch 108
2.8. Große Frauen 198
3.8. Das Fenster der Verwundbarkeit 326
4.8. Maria 23f.
5.8. Aus: Ich kaufe blumen und reise doch morgen fort, in: Spiel doch 9
6.8. Gegenwind 35
7.8. Aus: Wiedereinwurzelung, in: Verrückt nach Licht 27
8.8. Den Himmel erden 255
9.8. Verrückt nach Licht 147
10.8. Den Himmel erden 254
11.8. Zivil und ungehorsam 51
12.8. Und ist noch nicht erschienen 190f.
13.8. Verrückt nach Licht 26
14.8. Maria 19f.
15.8. A.a.O. 20
16.8. Den Himmel erden 214
17.8. Aus: Song auf dem weg nach emmaus, in: Die revolutionäre Geduld 11
18.8. Sympathie 138
19.8. Loben ohne Lügen 40
20.8. Das Fenster der Verwundbarkeit 231
21.8. A.a.O. 257
22.8. Den Himmel erden 239
23.8. Loben ohne Lügen 50
24.8. Das Fenster der Verwundbarkeit 237
25.8. Und ist noch nicht erschienen 190
26.8. Loben ohne Lügen 103
27.8. Das Fenster der Verwundbarkeit 273
28.8. Aus: Ein gebet für nicaragua, in: Verrückt nach Licht 114
29.8. Fliegen lernen 64
30.8. Es muss doch mehr 68
31.8. Loben ohne Lügen 39

SEPTEMBER

1.9. Gegenwind 176
2.9. Mystik und Widerstand 31
3.9. A.a.O. 68
4.9. A.a.O. 41
5.9. Loben ohne Lügen 101
6.9. Mystik und Widerstand 254
7.9. A.a.O. 72f.
8.9. Aus: Die allgegenwart gottes, in: Verrückt nach Licht 168
9.9. Mystik und Widerstand 365
10.9. A.a.O. 230
11.9. A.a.O. 49
12.9. Aus: Die religiöse dimension der sogenannten friedensbewegung, in: Verrückt nach Licht 167
13.9. Mystik und Widerstand 103f.

14.9. A.a.O. 102
15.9. Das Eis der Seele spalten 277
16.9. A.a.O. 266
17.9. Mystik und Widerstand 245
18.9. Aus: Drei gaben des trostes, in: Verrückt nach Licht 120
19.9. Mystik und Widerstand 204
20.9. A.a.O. 131
21.9. Loben ohne Lügen 84
22.9. Das Eis der Seele spalten 276f.
23.9. Gott denken 236
24.9. Aus: Transzendenz, in: Fliegen lernen 29
25.9. Gegenwind 186
26.9. Mystik und Widerstand 171
27.9. Aus: Über den unterschied zwischen dem ersten und dem zweiten gedanken, in: Fliegen lernen 46
28.9. Gegenwind 31
29.9. Löse die Fesseln 209
30.9. Loben ohne Lügen 93

OKTOBER

1.10. Aus: In rom, in: Verrückt nach Licht 73
2.10. Das Eis der Seele spalten 81f.
3.10. Träume mich Gott 325, 327
4.10. Spiel doch 87
5.10. Das Eis der Seele spalten 84
6.10. Aus: Über den übergang deiner stimme am telefon, in: Loben ohne Lügen 91
7.10. Das Eis der Seele spalten 267
8.10. Zivil und ungehorsam 20
9.10. Gott denken 52f.
10.10. Spiel doch 93
11.10. Das Eis der Seele spalten 83f.
12.10. Spiel doch 103
13.10. Es muss doch mehr 56
14.10. Gegenwind 280
15.10. Aus: Die allgegenwart gottes, in: Verrückt nach Licht 168
16.10. Mystik und Widerstand 20
17.10. Aus: Ich reise herum über gott zu reden, in: Spiel doch 108
18.10. Gegenwind 205f.
19.10. Zivil und ungehorsam 42
20.10. Wider den Luxus 56
21.10. Verrückt nach Licht 156
22.10. Wider den Luxus 65f.
23.10. Gegenwind 286
24.10. Aus: Export import eine meditation über handelsbeziehungen, in: Verrückt nach Licht 113
25.10. Es muss doch mehr 42
26.10. Aus: Wünsche im garten der barbara hepworth, in: Fliegen lernen 78

27.10. Es muss doch mehr 40
28.10. A.a.O. 44f.
29.10. Mystik und Widerstand 368
30.10. Spiel doch 106
31.10. Den Himmel erden 232

NOVEMBER

1.11. Gegenwind 302
2.11. Gott denken 201f.
3.11. Aus: Der heilige geist entwirrt unsere sprachen, in: Verrückt nach Licht 46
4.11. Aus: Bild einer alten frau, in: Fliegen lernen 22
5.11. Gegenwind 245
6.11. Den Himmel erden 209
7.11. Aus: Das glück am leben zu sein, in: Spiel doch 22
8.11. Gott denken 229
9.11. Es muss doch mehr 15f.
10.11. Aus: Der strubbelkopf, in: Spiel doch 117
11.11. Aus: Fürchte dich nicht, in: Spiel doch 20
12.11. Das Eis der Seele spalten 277
13.11. Aus: Krieg, in: Verrückt nach Licht 16
14.11. Mystik und Widerstand 107
15.11. Verrückt nach Licht 35
16.11. Gewalt 203f.
17.11. Aus: Ein kleines wunder, in: Loben ohne Lügen 97
18.11. Aus: Wenn er wiederkommt, in: Meditationen & Gebrauchstexte 9
19.11. Gott denken 103
20.11. Aus: Ich reise herum über gott zu reden, in: Spiel doch 108
21.11. Gegenwind 228
22.11. Aus: Ein sohn des lebens, in: Loben ohne Lügen 8f.
23.11. Aus: Christus unser bruder, in: a.a.O. 22
24.11. Es muss doch mehr 113
25.11. Spiel doch 98
26.11. Aus: Erinnere dich an die bäume, in: Zivil und ungehorsam 121
27.11. Aus: Geschichten vom tod und seinem arbeitgeber, in: Loben ohne Lügen 51
28.11. Aus: Die landlosen, in: Loben ohne Lügen 55
29.11. Gegenwind 160
30.11. Loben ohne Lügen 107

DEZEMBER

1.12. Löse die Fesseln 25
2.12. Ebd.
3.12. Aus: Eine begebenheit zwischen zwei frauen, in: Verrückt nach Licht 61
4.12. Löse die Fesseln 150f.
5.12. A.a.O. 151f.

6.12. Fliegen lernen 9
7.12. Maria 33-35
8.12. Fliegen lernen 26
9.12. Löse die Fesseln 153
10.12. A.a.O. 153f.
11.12. Meditationen & Gebrauchstexte 13
12.12. Aus: Beten, in: Verrückt nach Licht 169
13.12. Maria 54
14.12. Aus: Weihnachtsgebet, in: Verrückt nach Licht 158
15.12. Löse die Fesseln 24
16.12. A.a.O. 24f.
17.12. Loben ohne Lügen 68
18.12. Maria 39f.
19.12. Es muss doch mehr 89
20.12. Maria 13
21.12. Aus: Die vollkommene klarheit, in: Verrückt nach Licht 74
22.12. Gott denken 206f.
23.12. A.a.O. 207f.
24.12. Meditationen & Gebrauchstexte 29
25.12. Maria 45
26.12. Aus: Die könige, in: Meditationen & Gebrauchstexte 32
27.12. Maria 48
28.12. Aus: 19C+M+B62, in: Meditationen & Gebrauchstexte 31
29.12. Aus: Lukas 9 vers 58, in: Loben ohne Lügen 71
30.12. Gegenwind 184f.
31.12. Loben ohne Lügen 7

Verwendete Literatur

Dorothee Sölle: Das Fenster der Verwundbarkeit; theologisch-politische Texte zitiert aus Gesammelte Werke Band 2; Hrsg: Ursula Baltz-Otto und Fulbert Steffensky; Verlag Kreuz 2006, © Fulbert Steffensky

Dies.: Das Eis der Seele spalten; Theologie und Literatur in sprachloser Zeit; Matthias-Grünewald-Verlag 1996, © Fulbert Steffensky

Dies., Luise Schottroff: Den Himmel erden; © 1996 Deutscher Taschenbuch Verlag, München, zitiert aus: Gesammelte Werke Bd 4; Hrsg: Ursula Baltz-Otto und Fulbert Steffensky; Verlag Kreuz 2006

Dies.: Die revolutionäre Geduld; Schritte sechsundzwanzig; Gedichte; © Wolfgang Fietkau Verlag, Berlin 1974

Dies.: Es muss doch mehr als alles geben; Nachdenken über Gott; Copyright © 1992 by Hoffmann und Campe Verlag, Hamburg, Seitenangaben beziehen sich auf die Taschenbuchausgabe, Freiburg 2002

Dies.: Fliegen lernen; Gedichte; © Wolfgang Fietkau Verlag, Berlin 1979

Dies.: Gegenwind; Erinnerungen; Copyright © 1995 by Hoffmann und Campe Verlag, Hamburg,

Dies.: Gewalt – ich soll mich nicht gewöhnen; zitiert aus Gesammelte Werke Bd 4 ; Hrsg: Ursula Baltz-Otto und Fulbert Steffensky; Verlag Kreuz 2006, © Fulbert Steffensky

Dies.: Große Frauen der Bibel in Bild und Text, © 2001 EMB-Service für Verleger, Luzern

Dies.: Gott denken; Einführung in die Theologie, © Verlag Kreuz 1990

Dies.: Lieben und arbeiten; Eine Theologie der Schöpfung; Copyright © 1999 by Hoffmann und Campe Verlag, Hamburg, Seitenangaben beziehen sich auf die Ausgabe des Verlags Kreuz 1985

Dies.: Loben ohne Lügen: Gedichte; © Wolfgang Fietkau Verlag, Kleinmachnow 2000

Dies., Fulbert Steffensky: Löse die Fesseln der Ungerechtigkeit; Predigten; © Verlag Kreuz 2004

Dies.: Maria. Eine Begegnung mit der Muttergottes. Intern. Copyright für den Text v. Dorothee Sölle © 1997 EMB Service für Verleger, Luzern

Dies.: Meditationen & Gebrauchstexte; schritte sechzehn; © Wolfgang Fietkau Verlag, Berlin 1969

Dies.: Mutanfälle; Texte zum Umdenken; Copyright © 1993 by Hoffmann und Campe Verlag, Hamburg

Dies.: Mystik und Widerstand; Du stilles Geschrei; Copyright © 1997 by Hoffmann und Campe Verlag, Hamburg

Dies.: Mystik des Todes; © Verlag Kreuz 2003

Dies.: O Grün des Fingers Gottes; Die Meditationen der Hildegard von Bingen; Peter Hammer Verlag 1989, © Fulbert Steffensky

Dies.: Spiel doch von Brot und Rosen; Gedichte; © Wolfgang Fietkau Verlag, Berlin 1981

Dies.: Sympathie; Theologisch-politische Traktate zitiert aus: Gesammelte Werke Band 2: Hrsg: Ursula Baltz-Otto und Fulbert Steffensky; Verlag Kreuz 2006, © Fulbert Steffensky

Dies.: Träume mich Gott; Geistliche Texte mit lästigen politischen Fragen; zitiert aus: Gesammelte Werke Bd 4; Hrsg: Ursula Baltz-Otto und Fulbert Steffensky; Verlag Kreuz 2006, © Fulbert Steffensky

Dies.: Und ist noch nicht erschienen was wir sein werden; Stationen feministischer Theologie zitiert aus; Gesammelte Werke Band 2; Hrsg: Ursula Baltz-Otto und Fulbert Steffensky; Verlag Kreuz 2006, © Fulbert Steffensky

Dies.: Verrückt nach Licht; Gedichte; © Wolfgang Fietkau Verlag 1984

Dies.: Wider den Luxus der Hoffnungslosigkeit; Dorothee Sölle, Fulbert Steffensky; HERDER spektrum, Bd. 4275 © Verlag Herder 1995

Dies.: Zivil und ungehorsam; Gedichte; © Wolfgang Fietkau Verlag 1990